VIVIR FUERA DE CASA

«La Jungla por Dentro»

Autor: Jordi Casoliva Romero
Título: VIVIR FUERA DE CASA «La jungla por dentro»

I.S.B.N.: 84-605-8.277-9
Depósito Legal: M. 40.564-1998
Edita: POWER MEDIA, S. L.
c/ Reina, 29 - 28004 Madrid
Produce: Danko Graf, S. L.
Imprime: A. G. Luis Pérez, S. A.
Algorta, 33 - 28019 Madrid
Impreso en España

A Nuria, Albert, Cristina y el resto de mi familia,
por su paciencia.

DICCIO JUNGLA

por Jordi Casoliva

A por el Ondas: Histórica sección de «La Jungla» nacida en marzo de 1996 y en la cual el mundo descubrió la capacidad melódica de un cantante imposible: El Pulpo De Mirasierra. Cada día durante varios meses El Pulpo cantó (es un decir) clásicos del pop reclamando para sí la concesión del Premio Ondas De La Música, que no le fue otorgado en una polémica decisión que no podemos entender todavía hoy.

Abellán, José Antonio: Director, fundador, presentador y paridor del programa «La Jungla», del «Show De La Jungla» y de «La Jungla A Fuego Lento». Su trayectoria profesional empezó en los 40 Principales y sigue en Radio Minuto y Onda Cero hasta llegar a Cadena 100. Lo que más admiro de él: su capacidad por sacar lo mejor de los demás hasta el punto de ver en nosotros cualidades que ni nosotros mismos conocíamos o no habíamos reparado en ellas. Lo que más me jode: que sea más alto que yo.

Abe: Abreviatura de Abellán.

Acondi: Vocablo propio y que utilizamos como comodín. Acondi puede ser un saludo o una descripción sónica. Whopper y Fer la utilizan grabando (cuando algo es «Acondi» es que deben mejorarlo, si es «b» lo borran).

Aizpurúa: De nuestras visitas a Euzkadi, El Pulpo ha sacado varias palabras del euzkera que él toma como propias y utiliza en el castellano sin conocer sus significado. Esta es una de ellas. Otras pueden ser **Letxurmendi, Aeroportuak, etc...**

Alergias: Sobrenombre devenido por las variopintas alergias que le sobrevienen a menudo a Carlos Moreno «El Pulpo». Todas son de distinto origen y el mismo resultado. Su cara se hincha sobre manera hasta llegar a emular a «El Hombre Elefante».

Andrés: Enigmático personaje. Le hemos buscado por toda España, hemos preguntado por él en todos lados y nunca le hemos encontrado. Si tú has visto a Andrés mándanos un fax al 91-401-24-73. Tenemos que darle un mandado.

Anís Del Mono: Las cuñas más divertidas, originales, graciosas, creativas y –sobre todo– cortas de la historia de la radio. Como me gustan especialmente siempre que suenan Fernando me coloca el auricular en la oreja quiera o no quiera. **Anís Del Mono,** además, es la bebida favorita de Miguel Ángel Rodríguez y su esponsor más deseado.

Bikibun: En octubre del 96 La Jungla estuvo en Barcelona. Una noche salimos de concierto para ver a Jarabe De Palo tocando en La Boite –eran los tiempos en que lo ignoraban las demás emisoras. Tras verle los Jungleros quisieron comer algo rápido y les llevé a un fast food dónde alucinaron con el nombre del mixto de jamón y queso: Bikibun. Como suele ser habitual luego me tomaron el pelo diciendo que todo lo que les daba de comer en Barna era eso.

Blanco, Óscar: Conocido como Maestro Whopper, Oscar tiene estudios de conservatorio y es concertista de piano. Pero la vida (que es muy mala) le llevó a trabajar en el Departamento de Instrumentos Musicales de El Corte Inglés donde se encargaba de vender teclados a los clientes. En una de sus demostraciones para llevarse una buena comisión tocó para un tipo especial, José Antonio Abellán, que le fichó como músico de La Jungla. Lo que más admiro de él: la rapidez de sus dedos. Lo que más me jode: la lentitud de sus pólipos.

Cachopo: Lo que le salió a Carlos por debajo de los calzoncillos durante el Show en Granada. También es lo que diferencia a los niños de las niñas (entre otras cosas). Sinónimo de **Chorra.**

Café Maño//Café de Zaragoza: El café es un elemento imprescindible en nuestra vida profesional. Levantados a las cinco de la mañana y medio dormidos, una taza de café es imprescindible para empezar a funcionar. Así se lo hacemos saber a todos los que nos organizan programas fuera para que nos tengan alguno preparado antes de las siete. Pero un día en Zaragoza algo falló. Eran las seis y media, el responsable no estaba y el café no llegaba. A las siete menos cuarto todo seguía igual y Jose Antonio pilló tal rebote que quería llamar al director de la emisora a su casa. Es la única vez que le he visto cabreado. Al final llegó el café, pero los gritos de Jose se oían en Huesca. Desde entonces solemos recordarle que el mejor café se hace en Zaragoza.

Catalán: Yo.

Castellano: Se lo digo yo a Abellán cuando me llama «catalán».

Cipriano: El mayordomo de la familia Abellán. Tuvo una famosa aparición en diversos programas de televisión cuando Julio Iglesias le dio la mano.

Chuletón De Ávila: Porque es un fantasma, un chulo y es de Ávila, uno de los varios motes que le he sacado a Abellán.

Craddle: Todo lo que haga Patricia durante el programa o nuestros viajes.

Coordinador: Pronunciado en tono despectivo, le sirve a Carlos Moreno para referirse a mi dada condición de Coordinador de Catalunya.

Coros: María José, Paco y Maite fueron nuestros coristas durante todo el año. Un lujo, todavía no entiendo cómo les engañaron para que tan angelicales voces se fueran con tal panda de orcos.

Delgao, El: Toño Martín, el hombre de La Jungla en Sevilla. Todo lo que tiene de buen tío lo tiene de gordo.

Desconexión: Con acento pijo, ver **Tactil.**

Echeverría, Fernando: La otra parte de la B lleva años metido en el mundo de la radio desde que en 1989 ganara el concurso de Dj's de los 40 Principales. La mayor parte de su carrera la ha hecho en Onda Cero donde compartió micrófono con Luis Del Olmo y el mismo José Antonio Abellán que tuvo la feliz idea de repescarle justo cuando también me fichó a mí. Lo que más admiro de él: que siendo ciego ve más que todos. Lo que más me jode: que se haga pasar por otros cuando me llama a la radio.

Elefante, La Memoria Del: Disco de grandes éxitos que figuran en el top de los favoritos de José Antonio Abellán y que tuvo la mala suerte de presentar en el mismo programa en que por primera vez me atreví a meterme con sus orejas. Evidentemente el resto del equipo relacionó rápidamente «La Memoria Del Elefante» con los pabellones auditivos de Abellán rebautizando al disco como **«La Memoria De Dumbo»**.

Feo: No sé quién es.

Fulgencio: El señor padre de José Antonio

Gato: Muchas veces a Fernando le llamamos Cegato, pero en su momento pensamos que fuera de nuestro círculo llamarle así podría ser malentendido por algunos, por lo que le acortamos el nombre a Gato y nos quedamos tan anchos.

Ginesito: Uno de mis muchos motes. Según Carlos Moreno se debe a mi «look» de niño repelente.

Gómez, Pedro: El mánager de Montana y «El Pulpo». Tan buen tipo de corazón como delgado de cuerpo. En los bolos del Pulpo le confundían con su flauta.

Guá: Con este nombre conocimos siempre a la ex-novia de Whopper. Como entenderéis su breve tamaño la hizo merecedora de este nombre y otras bromas por parte de La Jungla (debe ser la única chica de Madrid que es más pequeña que Whopper). Eso sí, todo lo que tiene de bajita lo tiene de buena persona. Siguen siendo buenos amigos.

Harrison Pork: Curioso personaje que se coló en La Jungla para anunciar una pizza con el borde relleno de jamón. Según mis últimos datos ha muerto.

Haciendo Amigos: Sección habitual en el programa. Es cuando le damos un palo a alguien ya sea descarada o veladamente.

Hielo: Lo que Carlos y Abellán se encontraron en León en cierta excursión a altas horas en plena ola de frío. Donde hay hielo puede haber nieve, la nieve es blanca, y blanca es la cara con la que bajaron del coche de Abellán.

Kafort: Olga, la novia de Carlos. Abreviatura de una palabra catalana que ella utiliza constantemente. Con el paso de las semanas Kafort ha derivado en **Kafo** o **Topefo.**

Logroño: Además de ser una bella ciudad, tomar unos Logroños es ir de copas (no necesariamente vinos).

M: Dicho sea con todos los respetos, abreviatura de **Monga**, auténtico nombre de Patricia en La Jungla. Recalco que lo de monga lo decimos con todos los respetos.

MA: Abreviatura de **Monga A**, es decir, Mara (la mujer de Abellán).

Mánager: Por excelencia. Toni Martínez de Mojinos Escozíos. Hasta en eso son especiales, porque Toni se metió en este berenjenal cuando les conoció y vio que ningún mánager quería llevarles. Por eso es Mr.Martínez es un caso atípico en este mundo de la música: es honrado.

Mano: Esta palabra la escucharéis tras alguna gracia que consideramos mala. «La Mano» se refiere a que movemos el brazo como si estuviéramos activando el resorte de la risa ante la poca efectividad del chiste.

Matemático: Cada vez que El Pulpo, Whopper o yo nos metemos con Fernando con intensidad, éste acaba haciendo alguna mención a nuestros padres. Eso es matemático en tanto en cuanto lo consideramos un recurso poco original para meterse con el prójimo.

MB: Abreviatura de Monga B, mi mujer (yo soy Casoliva, bobos)

ME: Abreviatura de Monga E, es decir, Monga Estrella, la novia de Carlos.

MG: Abreviatura de Monga G, es decir, Monga Gata, la novia de Fernando.

Mojino/Mojinar: En otros lugares le llaman «hacer un truño» o «poner un huevo». Mojino y mojinar son dos necesidades fisiológicas que suelen derivarse del sano ejercicio de comer (y de eso en La Jungla sabemos mucho). Nadie deber avergonzarse, pues, de mojinar o hacer un mojino.

Mojinos Escozíos: Miguel Ángel, Zippy, Vidalín, Chicho y Vidal forman el grupo humano más maravilloso que se pueda encontrar. Por la naturaleza y franqueza de su relación les comparo a La Jungla, por eso hemos conectado tan bien.

Montana: Don Antonio. Para mí, el mejor cantante de rock and roll clásico de este país. Y no lo digo porque sea amigo mío, sino porque así lo creo. Él y su banda (Miguel, Miguel Ángel y Sito «El Flojo») han puesto el punto necesario para que El Show De La Jungla haya sido el fenómeno que ha sido.

Moreno, Carlos: Eterno acompañante y «chico para todo» de José Antonio Abellán desde hace más de doce años. Le ha llevado millones de cafés, acompañado en mil movidas hasta que le nombró productor de La Jungla. Luego se convirtió en «El Pulpo» para vergüenza del resto de cantantes de este país. Lo que más admiro de él: seguir siendo Carlos Moreno con el resto de sus compañeros a pesar de su tremendo éxito. Lo que más me jode: que yo a su edad no ligaba ni un uno por ciento de lo que él hace ahora.

Muñones: Su auténtico nombre es Germán Palacios. Lleva trabajando toda la vida en Cope y se le tenía como un gran profesional, aunque de mal carácter. Hasta que llegó La Jungla y se volvió loco. Ha sido durante años nuestro técnico en todos los programas exteriores y todos los Shows. Lo que más admiro de él: su buen humor eterno. Lo que más me jode: que es más gracioso que yo.

Níspero: Además de una fruta, en La Jungla es lo que diferencia a los niños de las niñas. **Me parto to'l nispero** se convierte en expresión habitual en los diálogos del Pulpo (sobre todo cuando va más desfasado).

Ore: Otro apodo de Abellán derivado del tamaño de sus orejas. Su pabellón auditivo es de tamaño tal que en los shows nos teníamos que agachar cada vez que giraba la cabeza.

Orco: Sinónimo de tío, pavo, colega... Siempre con mucho morro y rompiendo los límites. Sólo tienen categoría de orcos los que de una u otra forma están dentro de la familia de La Jungla (tú también puedes ser orco).

Orca: El objetivo principal de la parte soltera de La Jungla.

Orito: ¿Qué pasa?¿Vosotros no méais o qué?

Padre de Jordi, El: Frase habitual del programa en la que se menta a mi señor padre, dentista jubilado y periquito en activo.

Parla: Excepcional villa de la Comunidad Autónoma madrileña que La Jungla ha popularizado con la famosa frase «A Parla» que muchos lugareños no han asimilado muy gustosos. Lo utilizamos para mandar alguien a ...

Pamplona: Cuando el Pulpo pilla y define en una de sus noches grandes ha conseguido «un Pamplona». Evidentemente el origen de este sinónimo hay que buscarlo en una fémina navarra, no os diré cual....

Patricia Fernández: La rubia, la mujer, la «monga», la única fémina de La Jungla tiene un largo curriculum en el mundo de la canción. Estuvo cantando en Trigo Limpio durante años e incluso se lanzó como Pat Governa. Su hermano Nacho fue el líder de los delicados «La Dama Se Esconde» (un grupo que el tiempo colocará dónde se merece). Se incorpora a La Jungla que la devuelve al lugar del que nunca tuvo que irse: los escenarios. Lo que más admiro de ella: lo mucho que duerme. Lo que más me jode: sus gritos en la quiniela.

Pelao, El: Don Javier Llano, también conocido como Padre Llano. El hombre de La Jungla y la 100 en Bilbao. El tío con más temple que circula por nuestra casa y una santa paciencia que no se la salta un torero. Un día de estos le voy a clavar un pincho en esa enorme calva a ver si consigo que así levante la voz por una sola vez. Es un gran tipo.

Pelagra: Esta palabra se ha añadido recientemente al vocabulario Jungla gracias a nuestro nuevo productor Ángel Sánchez. Pelagra es la resaca, la mala digestión, las comidas que se atascan, el dolor de cabeza o la falta de sueño. Pelagra es también uno de los apodos de Don Ángel.

Pelujón: El marido de Patricia.

Pirata: Aunque su incorporación oficial a La Jungla se realiza en septiembre del 97 y este libro termina en junio, el Piri siempre ha estado en nuestras mentes con su peculiar acento y repertorio de frases. El Pirata es el hombre de la radio heavy por excelencia en España, lo que los americanos llaman un «opinion maker», es decir, un líder de opinión. **El Pirata** es también el nombre del bar de Mollet propiedad de Vidal Barja, un fan del Piri. En ese bar nacen los Mojinos Escozíos que tienen a Vidal como batería. Al Piri también se le conoce por **Prodi, Moñas,** etc.

Prieto, María Jesús: Durante todo el año, este nombre mítico de la radio musical ha sido nuestra madre, nuestra guía y nuestra castigadora. Nos ha protegido, nos ha mimado y también nos ha dado caña al ser la road mánager del grupo y por tanto la responsable de todos los detalles relacionados con los viajes de La Jungla.

Productor: Pronunciado en tono despectivo, palabra que utilizaba yo para referirme a Carlos Moreno, a la sazón productor de La Jungla durante largo tiempo, hasta el conveniente fichaje de Ángel Sánchez.

Prohibido: Lo único que hasta la fecha ha prohibido José Antonio en La Jungla es la canción «La vaca levanta el rabo y el toro le mete el na... vidad, navidad dulce navidad». No me extraña.

Pulpo, El: Carlos Moreno, la estrella. En los primeros tiempos de «Puerto Limón» (el programa que se emite de 6 a 7 de la mañana en la 100) Carlos hacía de técnico. El presentador del espacio (Parejo) le acabó sacando ese apodo «Pulpo» porque no paraba quieto con las manos.

Pun: Ver Mojino.

Qué Paha: La incorporación de Miguel Ángel Rodríguez a La Jungla supuso también la incorporación a nuestro vocabulario de las expresiones particulares de los Mojinos Escozíos. «¿Qué paha?» es la más popular, pero hay otras como: **Qué jase, la vihen, una hervejita o me cago en tohtumuertojacaballo.**

Que pique/Que no pique: En Zamora visitamos frecuentemente un bar dónde servían unos pinchos de muerte. Al encargarlos te preguntaba si los querías picantes o no, y él los encargaba a cocina gritando «uno que pique y dos que no piquen» con un acento especial que muchos recordaréis de ciertas épocas, porque le hemos oído a menudo.

Rebu o Carroñero: Durante algún tiempo Whopper vivió de la agenda telefónica de Carlos Moreno. Era clásica la escena de llegar a alguna ciudad y verle con alguna ex-orca de Carlos. Está reformado.

Revenido: Abellán es mucho más distraído de lo que parece. Incluso puede llegar a poner una misma canción dos veces en un mismo programa. Para advertirle el grito clave es «Revenido». Y la quita.

Rodríguez, Miguel Ángel: Cantante de los Mojinos Escozíos. Nacido y criado en Sevilla, dejó los estudios de flauta en el conservatorio al trasladarse a Barcelona en su condición de trabajador de empalmador en Telefónica (todo esto es cierto, aunque no lo parezca). Allí forma los Mojinos Escozíos y el resto es historia. Se incorpora a La Jungla en la pasada primavera con sus historias increíbles que bien merecerán un libro. Y además lo hace desde Barcelona con lo cual ya no estoy tan solo. Lo que más admiro de él: que siempre me paga los cafés. Lo que más me jode: que nunca compra tabaco.

Sánchez, Ángel: Su larga carrera le abrió las puertas de La Jungla donde se incorpora en septiembre del 97 como productor ante el volumen de trabajo que nos aumenta día tras día. Pero un productor de La Jungla no puede ser un mero productor y ya se ha convertido en algo más: **El Doctor Amor,** personaje de fuerte libido y fácil desnudar que pulula en las noches de toda España coincidiendo con nuestros programas. Lo que más admiro de él: su facilidad para entrarle a las tías. Lo que más me jode: lo rápido que le despachan.

Sanchidrián: Antes de que Parla se convirtiera en un recurrente habitual, esta mítica villa llamada Sanchidrián se convirtió en centro de nuestras referencias sin otro objeto que su loa.

Scracs: Vocablo sin significado pero de buen sonido. La utiliza el Pulpo cuando se aburre y quiere vacilar a alguien.

Securitas Direct: Otra expresión que habréis oído varias veces y no sabéis de dónde sale. Os puedo contar sólo esto: durante un tiempo nos dimos cuenta de que alguien nos robaba cd's y cuando le descubrimos cada vez que se hace una pequeña referencia a él o aparece por algún lado repetimos el nombre de esta empresa de seguridad. No puedo contar más.

Sensas//Sensacionalismos: Los Sensas (abreviación de Sensacionalismos) forman parte de la naturaleza propia de José Antonio Abellán y sin ellos no sería el mismo. Un sensa puede ser:

- Una exageración: «cuando era joven me ligué cinco chinas en una noche»
- Una fantasía: «mi coche lleva fax pero ahora lo tengo estropeado»
- Una fantasmada: «no he bajado de 200 en todo el viaje»
- Una demostración de humanidad: «¿Qué no puedes ir al Show? Pues nosotros iremos a verte y tal y tal... (entonces nosotros tendremos que montarlo para hacerlo posible porque a él se le olvida)
- Todos estos ejemplos anteriores están sacado de casos reales.
- El uso y abuso de estos ejemplos y mil más ha devenido en que **Sensa** es otro apodo de Abellán.

Síndrome Bilbao: Expresión acertadamente acuñada por don Fernando Echeverría tras un largo día de aperitivo, macrocomida, macromerienda y macrocena en diversos lugares de Bilbao y sus alrededores. El estado de nuestros cuerpos y mente era como si estuviéramos a punto de reventar. La utilizamos siempre cuando nos damos una buena comilona.

Tactil: Así, sin acento. En la Cope de Madrid había una relaciones públicas que era un encanto pero tenía un acento super pijo y cuando contaba a las visitas que nuestro ordenador era tactil (sin acento) nos partíamos. La echamos de menos. Dejó para la historia el término **«desconexión»** con acento pijo.

Temita: La máxima aspiración de la parte soltera de La Jungla es conseguir un buen temita en alguna de nuestras salidas. Ya se sabe, las camas de los hoteles son tan grandes.

Tiriti: Como temita, posibilidad más o menos probable de «pillar».

Tot el camp: Estas primeras palabras del magno himno del FC Barcelona sirven para «picar» al Pulpo dada la relación existente entre la peculiar forma y tamaño de su cara y el escudo de tan gran club.

Turronera: Olga, la chica Jungla y 100 de Salamanca. Busca novio y está buena.

Valencia: Palabra exclusiva de la Jungla B, es decir, de Fernando y servidor. La utilizo para avisarle de que vienen escaleras ya que fue en Valencia dónde se me olvidó hacerlo una vez y le pillé cuando sus pies ya habían perdido el contacto con el suelo. Esto es ser B.

Whopper: Pues el nombre que le saqué a Oscar Blanco, músico de La Jungla, tras verle ingerir un promedio de cuatro panteras rosas por programa.

Zorrerita: Seguramente esta es la palabra preferida por los componentes de La Jungla. Sinónimos: Juerga, Descarga, Logroñal.... Siempre de noche, con orcas y en situación de desfase, la zorreritas nos han acompañado en todos los shows (la noche anterior o al acabar éste) como un buen merecido premio a nuestro esfuerzo. Algunas han sido históricas tal y como hemos reflejado en este libro.

INTRODUCCIÓN

Empezamos bien. La primera y se me olvida. ¿Dónde era? Me parece que en un viaje desde la radio hasta casa de Jose en Madrid. O tal vez no. No sé, pero juraría que íbamos en un coche.

Le dije: «Jose ¿Y si hacemos un libro?»

«¿Un libro? ¿De qué?»

«Pues de tus cuernos si te parece» (los cuernos y respectivos padres de cada uno suelen ser recursos habituales en nuestros intercambios dialécticos). «De La Jungla. Nos vamos a pasar todo el año dando vueltas, pues un diario de todo lo que vaya pasando» «¿Y eso es interesante?» dijo Jose. «Juégate las orejas» dije yo.

«Joder. Show, disco, radio, tele y ahora libro. Yo no me veo capaz, si quieres hazlo tú» (qué gran tenista perdió la Davis, no es nadie devolviendo reveses).

La pelota en mi tejado. Si hay libro lo hago yo ¿Por qué no? Tengo que reconocer que la idea original no es mía, y que en ningún momento lo consideré arriesgado. Mis amigos de «El Terrat» (otro grupo de humor multimedia catalán con el trabajé durante años) había publicado uno de gran éxito y de originales planteamientos. No es que quiera copiarles, pero su precedente me auguraba un buen funcionamiento de la idea; aunque en su caso las plumas que escribieron eran notablemente superiores a la este machacateclas catalán y gafudo que suscribe estos y los próximos pasos que leeréis a partir de ahora. Lo siento, no doy para más. ME SE olvidaron muchos palabros. Total, tan sólo se trata de pasar un buen rato.

Decidí hacerlo. Pillé una libreta y la convertí en mi eterna compañera de viaje. Allí dónde fuera La Jungla iba la libreta de Casoliva en la que apuntaba cualquier detalle que considerara interesante con los consiguientes comentarios cachondos por parte de todos («ya está apuntando en su libretita»). Pero llegó la hora. Ésta es mi venganza. Todas aquellas notas salen a la luz. Todos nos habéis oído, muchos nos habéis visto e incluso algunos nos habéis conocido. Pero ninguno de vosotros ha vivido por dentro las largas horas de convivencia del grupo humano más maravillosamente loco que haya existido: esta es la verdadera Jungla.

SEPTIEMBRE 1996
«La jungla vuelve a rugir»

Junio 96, Rosana y Carlos, en Libertad 8.

La Jungla vuelve a ponerse en marcha. Hemos pasado las vacaciones más merecidas de nuestra vida. Durante los últimos meses entramos en una tremenda dinámica de trabajo incesante. Además de los habituales madrugones diarios –entre 4 y 6 de la mañana– los shows se habían ido multiplicando ante más y más demandas. Pero eso no era nada comparado con la que nos venía encima. El martes 25 volvíamos a encontrarnos todos. Curioso, pero para todos La Jungla ya es algo más. Quiero decir que durante la temporada 95/96 hubo muchos cambios y excepto Carlos (El Pulpo) y German (Muñones), los demás nos habíamos ido incorporando a lo largo de los meses. Por este orden: Oscar (Whopper), Patricia, Yo y Fernando. Así pues para la mayoría esta es la primera vez que iniciamos temporada con visos de acabarla si Jose no nos echa antes.

Paso en Madrid toda la semana. Whopper prepara sintonías, Carlos y Fernando graban los luego famosos jingles de desconexión, Patricia ordena y transcribe canciones. Y Jose y yo pasamos una semana entera en la que no hablamos de radio, sino del nuevo show. EL show de la Jungla tal y como se fue representando a lo largo de la anterior temporada por todo el país ha desaparecido temporalmente. Tenemos la oportunidad de crear algo nuevo, y ese algo es una gira que será masiva como la anterior, incluso más, pero que cuando la concebimos iba a ser más cercana al públi-

Sin comentarios.

co puesto que queríamos hacerla en teatros. Y lo más grande, esta vez no iremos solos, esta vez vendrá con nosotros una gran amiga que nació musicalmente en nuestro programa y que con nuestro único apoyo en cuanto a radiación fue disco de oro en España: Rosana.

La verdad es que casi todo el concepto del espectáculo ya está muy claro en la cabeza de José Antonio. Yo siempre digo que las bases de todo lo que hace La Jungla siempre son de Jose, los demás nos limitamos a complementarlas con más o menos gracia. El nuevo show de La Jungla está concebido, bastante definido y sólo falta matizarlo. Pero hay un problema: el nombre. Hay que tener en cuenta varias cosas: la palabra show no puede aparecer para que todo el mundo tenga claro que no tiene nada que ver con lo del año pasado. Jose no quiere poner su nombre pese a mi insistencia, y Rosana tampoco ¿Solución? Pues David Abellán, el enano de Jose es quién nos da la clave: La Jungla a Fuego Lento. Nos involucra a nosotros (La Jungla), a Rosana (A fuego Lento) e incluso da una idea del nuevo concepto de espectáculo que preparamos, más intimista, más cercano e incluso con un tempo más tranquilo. Aunque finalmente la presión del público y las impresionantes ventas de Rosana nos obligan a ir a pabellones deportivos en lugar de teatros. Pero todo y así conseguimos crear el clima que deseábamos.

Pero en septiembre nos pasaron más cosas. Sobre todo dos: una primera oferta de televisión y los shows en Barcelona.

LA TELE

A José Antonio le gusta la televisión, pero la conoce demasiado. Por eso hasta ahora ha pasado de todas las ofertas que le han hecho para presentar distintos proyectos. No se los creía. Pero en agosto del 96 por fin alguien le dijo lo que él quería oír: aquí tienes estas horas de televisión: haz con ellas lo que quieras, como quieras y con la gente que tú quieras. Paralelamente a toda la actividad de La Jungla, empezamos con reuniones, pruebas, programas piloto y demás. La oferta se cierra: Telemadrid y otras autonómicas. A partir de las 11 de la noche hasta la una de la madrugada ¿Cuando dormimos? Durante el día. No hace falta que os diga que gran parte del equipo no veía muy claro hasta que punto nuestros cuerpos y mentes iban a aguantar semejante tute. Tal vez yo era el más crítico, aunque estando en Barcelona era el que menos pringaba de todos, pero me daba miedo que arriesgáramos demasiado en tele cuando la base de nuestro éxito es la radio. Pero si alguna cosa define a Jose es su magnetismo, supongo que lo notaréis los que le escucháis, pero para los que convivimos con él es un chollo. Abellán irradia optimismo y lo contagia a todos los que le rodean, además, tiene un encanto personal para caer bien y creerte a buena gana todo lo que te dice. Si él está convencido, nosotros estamos convencidos. Se cierra el tema. En diciembre La Jungla arranca en televisión en Telemadrid.

EL DISCO

La historia del disco es tan simple que parece mentira, pero es así. A finales de mayo EL SHOW DE LA JUNGLA llega a Madrid. La Riviera (4000 personas) se nos hace pequeña y tenemos que hacer tres shows. Y al acabar el segundo aparecen

Ore.

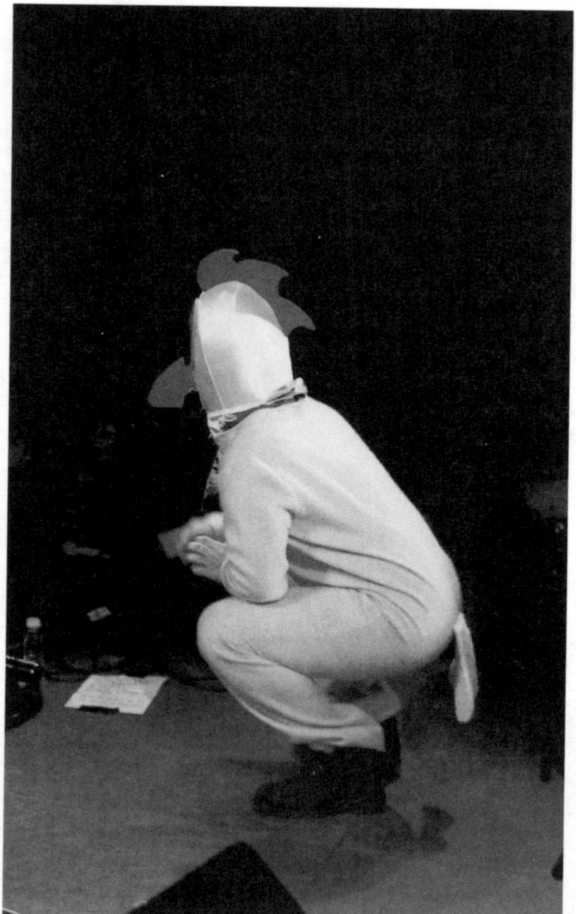
Carlos, en su mejor momento.

Oscar y Javier Escobosa de Omni Records, la compañía que edita a Montana y que nos han estado ayudando toda la gira y sugieren grabar el show para editarlo. En menos de 24 horas un estudio móvil, montones de cintas y kilómetros de cables son instalados en la Riviera y sus alrededores para grabar todo lo que ocurra allí dentro, sin ensayos ni repeticiones como suele ser habitual, sin posteriores grabaciones en estudio. Lo que aquella noche sucede en el escenario es lo que aparece luego en el disco. El triple CD aparece en septiembre y volvemos a sentirnos desbordados cuando las ventas de la primera semana nos colocan en el puesto 11 de los discos más vendidos de España. Increíble. Montones y montones de libretos llegan a la radio para que los firmemos (espero que cuando publiquemos este libro los hayamos devuelto todos). A la hora de redactar esto llevamos 70.000 vendidos, y la previsión inicial era de 10.000. Una vez más la respuesta del público nos sorprende.

Por cierto. En esos días nace un frase que hoy todavía la gente me recuerda. Resulta que en el disco no aparece mi nombre. A mi de entrada no me parecía extraño, porque lo cierto es que así como en el nuevo espectáculo si intervengo, en el anterior mi contribución era nula. Pero no hay cosa que me guste mas que hacerme el ofendido. Y cada vez que se hablaba del disco yo soltaba: «yo no salgo, como no soy de la junglaaaaaa». Abellán me llamó «el llorón», pero nos lo pasábamos en grande. ¿Sabéis por qué dejé de hacerlo? Porque me llama El Pulpo y –totalmente en serio– me dice que le perdone pero que se le olvidó mi nombre. Y luego Oscar de Omni Records me llama con las mismas, que perdone, que vaya descuido. A los dos les digo lo mismo,

En septiembre, este señor trabajaba en Telefónica.

no solamente no me enfado, sino que me viene bien, además, yo no tenía nada que ver en el show. Pero como vi que a ellos si les importa, dejo de hacer ese comentario, aunque no se me olvidará nunca cuando Toño Martín nos manda a dar una conferencia al CEU de Sevilla y al pronunciar mi nombre mil personas dicen: «como yo no soy de la junglaaaa».

BARCELONA, POR FIN

Pero en septiembre pasan más cosas. Desde el inicio de la gira de EL SHOW DE LA JUNGLA y desde tiempos inmemoriales José Antonio tuvo una espina: Barcelona. Parecía que esa ciudad se le resistía al éxito, y lo cierto es que yo era de los pocos catalanes que escuchaban La Jungla en anteriores años. Supongo que ese fue uno de los motivos que me fichó a mi y a Fernando, dos personajes que –uno por catalán y el otro por universal– podíamos enganchar a la audiencia catalana. Desde que me incorporo a La Jungla –abril 96– hasta julio del mismo año me da la sensación que algo está pasando. Llámale intuición, pero algo está pasando.

Pocos sabréis que La Jungla tenía que venir a Barcelona en la Noche De San Juan del 96. Teníamos la sala (Carpe Diem) y las invitaciones tiradas y tuvimos que anularlo por problemas de salud de Jose. Pero no desistimos, y me lié la manta a la cabeza. Animado por los compañeros, el dire de Cope en Catalunya (Jordi Didu Jordà), Rafael Revert y mi amigo Braulio Paz contacto con el Poble Espanyol y cerramos una fecha. 27 de setiembre de 1996, fin de fiestas de la Mercé. La Jungla en Barcelona. Diez mil invitaciones. Y os puedo jurar que muchos, muchos, muchos me llamaron loco. Y tenían razón porque sólo los locos hacemos locuras y aquello fue la locura: tuvimos que hacer un segundo día ya que las invitas para el primero se agotaron en una sola mañana. En total 24.000 personas pasaron por el Poble Espanyol para ver las dos últimas ediciones de EL SHOW DE LA JUNGLA, en esa ciudad en la que –decían– Abellán y el resto no éramos nadie. Aquellas noches fueron tremendas. Abellán conquistaba la última plaza que le quedaba y yo hice callar a todos aquellos que me dijeron que me equivocaba cuando dejé un despacho en la Cadena SER para volver a la calle con la CIEN y ese programa «que en Catalunya nunca funcionará y que te va a enterrar». No podéis imaginar lo importante que fue para todos, lo vidriosos que se me pusieron los ojos cuando vi salir a Jose al escenario o los abrazos que nos dimos todos: el sueño se hace realidad.

Al acabar el show nos vamos a cenar. Al salir de la zona de camerinos nos rodea gente que quiere conesguir autógrafos. Firmamos como locos y en ese maremágnum de gente ni nos fijamos en uno que nos dió una cinta de un grupo en el que él toca la guitarra. Su nombre es curioso: Mojinos Escozíos.

Si septiembre ya fue así ¿Cómo íbamos a dudar que esta iba a ser una gran temporada?

Nota del autor: Por cierto, en septiembre también estuvimos en El Tiemblo. Pero de aquella aciaga experiencia apenas nada puedo decir porque no me acuerdo. Eso sí, bailamos como locos y sé que muchos ciclistas no olvidarán el momento en que El Pulpo entró al comedor donde estaban desayunando gritando: «¡Tony Romminger! ¡Tony Romminger que levante la mano!» Y levantó la mano y fue entrevistado. A todo esto yo estaba durmiendo por recomendación médica.

OCTUBRE 1996

En estos días más que los de la Jungla parecemos los de la Junta. Reuniones para dar y tomar. Con Paco Temprano (Jefe De Programas de COPE) que coordina las fechas de la gira, con Manolo Sánchez (LIMAC) mánager de la jugada, con Rosana para cuadrar su gira en solitario, con Antonio González de Águila que vuelven a ser los patrocinadores (se lo merecen por creer tanto en nosotros). Y por otro lado la tele: con guionistas, con productores, con realizadores, con este, con el otro y con el de la moto.

Cada vez que voy a Madrid nunca sé cuando volveré a Barcelona, porque de golpe y porrazo aparecen tres reuniones en un sólo día. Pero bueno, ¡Y lo bien qué lo pasamos!. En aquellos días suelo dormir en casa de Jose (su hija Sarai me deja la habitación) y mi mujer me acaba proponiendo que alquilemos un camión de mudanzas que me lleve toda la ropa allí.

En estos días también acabamos de perfilar los últimos detalles de La Jungla a Fuego Lento. María Jesús Prieto–vieja amiga de tiempos históricos– es la productora y se encarga de fichar a tres coros maravillosos: Paco, Maite y María José que nos darán un toque espectacular en el escenario. La suerte está echada, por fin.

Por cierto, no os lo había comentado. Pero si alguna cosa nos gusta a los de La Jungla es hacer el programa fuera de los estudios. Siempre decimos –y es cierto– que muchas de las mejores cosas que suceden en La Jungla ocurren cuando los micrófonos están cerrados. Haciendo el programa fuera tenemos la sensación que los que vienen a vernos se van sorprendidos de nuestro grado de locura, e incluso el programa como tal queda mucho más fresco y auténtico a través de la radio. Todo esto lo digo para llegar a un punto: esta temporada tenía que ser la de hacer muchos programas fuera. Como mínimo, en cada ciudad dónde hiciéramos La Jungla A Fuego Lento el día antes queríamos hacer el programa. Y así fue hasta que se pudo.

A todo esto, por fin en octubre tenemos Web oficial en Internet (http://cadena100.es/lajungla). Ya sé que mi foto no era precisamente una birguería, pero yo tampoco doy para mucho.

16 de octubre 1996. Bilbao. «Nace la B»

Tercer viaje de la temporada: Bilbao, antes estuvimos en Barcelona y Zaragoza, donde José Antonio pudo degustar el Café Maño hasta el punto que hoy en día no

¡Por fin tengo la camiseta!

quiere probar otro. El catalán –yo– llega antes al aeropuerto de Sondica y mientras espero la llegada del avión de Madrid me dedico a dejarles mensajes en los teléfonos móviles de todos ¿Para qué? Durante los vuelos los móviles tienen que apagarse, y al llegar a Bilbao los encienden todos. Imaginaos que de golpe y porrazo empiezan a sonar todos a la vez ya que hay un mensaje grabado: el mismo mensaje para todos, el mío. Lo siento es irreproducible. Imaginaos la que me dieron cuando llegaron a la terminal del aeropuerto y les estaba esperando yo. Todos menos Fernando que dijo: «claro, como yo no tengo móvil» en plan llorón como cuando yo decía «Como no soy de la Junglaaaa». Y así seguimos hasta la firma de discos en el Corte Inglés. Allí se dieron un cúmulo de circunstancias contra Fernando y contra mi: a Abellán le dieron cenicero y a nosotros no. Tuvimos que esperar diez minutos para tener sillas cuando todos estaban sentados. Todos tuvieron boli antes que nosotros que finalmente tuvimos que compartir uno. En fin, no quiero seguir porque en ningún momento Fernando y yo queremos que sintáis pena por nosotros, pero las circunstancias eran extremas, tanto que en aquella magna tarde en Bilbao una luz nos iluminó. La misma luz que iluminó a Napoleón antes de Waterloo y a Julio Salinas antes del España–Italia del Mundial USA. Esa luz nos hizo ver: somos LA JUNGLA B. El lugar ideal para dos marginados por la sociedad y su circunstancia, ignorados al lado del insigne brillar de las magnas estrellas que les rodean en LA JUNGLA A. La Jungla B, el feo y el que no ve. Tenemos sintonía propia, canciones propias e incluso hemos estado a punto de montar una gira paralela por pueblos y aldeas en el SHOW DE LA JUNGLA B. La Jungla B nace pues el 16 de octubre en Bilbao. Ya sé que no os importa mucho, pero Fernando y yo estamos muy orgullosos de ello.

17 de octubre. BILBAO-VALENCIA-ALICANTE.

Jueves. Hacemos programa en el –inmenso– Teatro Municipal de Basauri. El lugar está en fiestas y las cuadrillas vienen a vernos vestidas como marca la tradición. Durante el programa nos visitan Karanka y Oscar Vales del Athletic y oyentes habituales. Nos sentimos muy bien en Euzkadi. La gente nos trata bien. De hecho fue allí donde yo hice por primera vez La Jungla fuera del estudio ¿Recordáis ese famoso viaje donde me hicieron comer en un mejicano y cenar en italianos y americanos? Estuve llorando durante meses porque no había podido conocer la auténtica comida vasca. ¡Para qué hablé!. Durante esos días nos atiborraron a comer, a comer bien y a comer mucho gracias a los recorridos que nos monta Javi Llano de Cadena 100 Bilbao (yo creo que lo hace para que me calle de una vez). De esos días nace la expresión: «Síndrome Bilbao», esto es, cuando comes mucho y no puedes más pero sigues comiendo porque todo está muy bueno. Fernando lo definió muy bien cuando después de cenar con una peña del Athletic que nos invitó dijo: «estoy borracho de comer» mientras intentaba que su inmensa barriga bajara del coche.

Al acabar el programa volvemos a comer como posesos y nos vamos al aeropuerto. Una vez más embarcamos y mientras esperamos le enseño a Jose el libro de mis amigos de El Terrat: «mira estos son los de aquel programa loco en el que estaba yo antes, y este libro ha funcionado muy bien». No sé si le convenzo demasiado porque está en catalán, pero bueno. yo me quedo más tranquilo. Total, lo voy a hacer yo.

En Pryca Alicante, con Orcos.

El detector de metales pita una y otra vez cuando pasa El Pulpo. Al final descubrimos que la culpa es de su cinturón de tachuelas, pero por si acaso él llega a pasar el detector con los pantalones bajados. Cuando estamos en la sala de espera se acerca un guardia civil. Nos asustamos, se van a llevar al Pulpo preso por pasar el detector de metales enseñando los calzoncillos. Pero no, no es eso. Nos pide un autógrafo. A cambio el Pulpo le pide la gorra: «lo siento no puedo». «Pues el pin ese tan chulo» dice Carlos. «¡Pero si esto es la placa!».

En el avión de Bilbao a Valencia vamos separados. Fernando y el Pulpo intentan dormir en las últimas filas. Cada tres minutos Abellán –que va delante con el resto– se levanta para despertarles a base de tocarles la oreja. La cuarta vez que les despierta lo hace gritando: «Fernando, Fernando, qué diferencia hay entre un secuenciador X y un midi Y». Fernando contesta: «La misma que los cuernos de tu padre». Total: no duermen.

Llegamos a Valencia y de Valencia en furgoneta a Alicante. Nos lleva Borja (100 Alicante) y por el camino me dedico a llamar desde mi móvil al de los demás (Abellán, Whopper y Carlos) y colgar cuando ellos descuelgan. Hasta que me pillan. Así se hace más corto el viaje.

18 de octubre (viernes). Alicante

Dicen los que nos conocen que lo mejor de los programas que hacemos fuera de los estudios son los primeros diez minutos, en los que Abellán se dedica a presentarnos uno por uno contando lo que hemos hecho las últimas horas. Ahí han salido las comilonas de Fernando, los ligues del Pulpo, las noches fuera del hotel de Whopper, las botellas de Patricia, los muchos lugares dónde ha vivido mi madre, etc.... Algunas cosas son ciertas, otras no lo son tanto y el resto están exageradas, pero ninguna es mentira. Como todo en La Jungla.

En el programa de Alicante nos divertimos mucho. Abellán no paraba de hacer llamadas y como no hablábamos Carlos, Fernando y yo nos fuimos a la cafetería. Allí estuvimos durante un buen rato y cuando volvimos Jose nos buscaba como loco. Nuestra entrada en la sala fue apoteósica: los tres cogidos del brazo y cantando «Acompañameeee, te sorprenderaaaaa...» que desde entonces se ha convertido en habitual en nuestro repertorio. Además yo me emocioné cuando un oyente me regaló una camiseta del Hércules, mi tercer equipo tras el Barça y el Palamós (mi madre es de Orihuela). Por lo demás nos visitó el Conseller de Turismo, vino Daniel con la Quartet De Baño, hablamos con José Feliciano por teléfono y el Pulpo le puso un petardo al cigarro de Abellán como suele hacer cada dos o tres días. Por cierto, el primer petardo que le puso Carlos a Abellán fue en la universidad de Lejona en Bilbao en la pasada temporada. Con la mala suerte que fui a pillarle un cigarro a Jose y me tocó el del petardo. Desde entonces no he vuelto a robarle tabaco a Abellán sin antes mirar si va «cargado».

Este viaje era especial, entre otras cosas porque empezábamos la nueva gira. Pero había otra cosa. Normalmente siempre que hemos viajado ha sido: llegada el día anterior, y al día siguiente levántate a las cinco de la mañana para hacer el programa. O llega el sábado, haz el show, acaba a las tantas y al día siguiente madruga porque hay que dejar el hotel. Siempre con prisas y siempre con sueño y mal desayunados. Pero esta vez no, el viernes nos íbamos a meter en la cama sabiendo que el sábado no había programa, que no nos íbamos y que por primera vez desde que La Jungla es Jungla podíamos desayunar con el resto de huéspedes en el bufete, como personas normales.

Tal vez por eso en esa noche de viernes había tan buen ambiente. Ese mismo día llegan al hotel los nuevos coros para la gira. Se encierran en una habitación de la quinta planta del Meliá Alicante con Whopper, Patricia y Fernando y todos juntos diseñan las voces para las nuevas canciones del espectáculo que estrenamos el sábado. Pero el remate definitivo lo da Abellán. Tras la cena descubre que en el hotel hay un piano bar. Allá vamos y se sienta Whopper al piano. Fernando, Patricia y los coros a los lados. Y juntos empiezan a cantar. Primero temas del espectáculo, luego improvisaciones, luego Fernando se queda solo y empieza a empalmar una canción con otra..... Impresionante. A Abellán se le cae la baba, y yo me quedo en un rincón preguntádome ¿Qué haces aquí? El año pasado viajé a unos cuantos Shows, pero en la Jungla A Fuego Lento me involucro más. He estado con Abellán en la génesis de todo y le conozco. En cuanto empiece el espectáculo empezaremos a hacer cambios y yo tendré que estar ahí. Pero por muy importante que pueda parecer este trabajo, no dejas de sentirte pequeño al lado de monstruos como estos.

Por cierto, me olvidaba de algo. Durante todo este derroche de talento en el piano bar del hotel, los extranjeros miraban sorprendidos la calidad de nuestra gente. Admirados, con la boca abierta y aplaudiendo a rabiar. ¿Podéis imaginar cuando de golpe y porrazo empieza a cantar el Pulpo? ¿La cara que pusieron? Y más cuando veían que los españoles allí presentes le aplaudían como si fuera el mejor de todos. Algunos se fueron, otros abrían más la boca todavía y hubo uno que no se sacaba las manos de la cabeza. No todo el mundo está preparado parra entender el arte del Pulpo.

19 de octubre de 1996. Alicante

Es el despertar del gran día. En el bufete (sí ¡el bufete!) me encuentro con Jose y Mara –su mujer– desayunando como personas normales (bueno, yo un poco más). Era el gran día, esa noche empezaba La Jungla A Fuego Lento. Y Abellán está tranquílisimo. Es otra de las cosas que admiro del Chuletón De Ávila, jamás se pone nervioso. Normalmente todos estos grandes comunicadores gastan kilos de mala leche y desbordan nerviosismo y tensión inútil cuando están trabajando. Jose no. Siempre está tranquilo. Y esa es otra de las claves del ambiente de La Jungla, porque todos estamos relajados aunque estemos trabajando 25 horas diarias. Siempre hay buen ambiente.

Aquella mañana del 19 de octubre teníamos otro motivo para distraernos. Borja y JuanFran (100 Alicante) nos han preparado una firma de discos en Pryca Alicante. Todo va bien –yo con mi camiseta del Hércules puesta– menos una cosa. La noche anterior Fernando salió de marcha con los de 100 Alicante, y no podéis imaginaos lo que es Fernando de marcha. Sólo hay una cosa más difícil que meter a Fernando en la cama. Sacarle de ella a la mañana siguiente. En el autocar hacia la firma de discos, resacoso y muerto de sueño iba maldiciendo a nuestro muertos y respectivos padres por haberle despertado y decía. «mis nietos me van a llamar gilipollas cuando les cuente que me levantaba de la cama para hacer cuatro garabatos en un cacho de papel que no puedo ver».

Las horas pasaban y llegan las cinco de la tarde. En el Pabellón de Deportes de Alicante está todo montado. Justo al lado del insigne estadio del Rico Pérez estamos a punto de iniciar la gira La Jungla A Fuego Lento. Entramos. El escenario me gusta. Rosana está probando, me ve y en mitad de «El Talismán» me dice: «¡Hola guapo!» y yo le contesto «¡Hola ciega!».

Luego prueba La Jungla. Whopper se hace con el nuevo teclado. Los coros se acoplan a Fernando, Patricia y el repertorio: El Pulpo y yo vamos dando vueltas en el escenario sin saber que hacer pero nerviosos. Jose dirige todas las pruebas. Todo parece claro: listado de canciones, juego de luces, entrada teclados con palabras clave y sus monólogos.

Pero entonces: un periódico de Alicante le hace una entrevista a Jose y cuando le pide qué diferencia este nuevo espectáculo al show del año pasado a Abellán le sale una frase genial: «El show de la Jungla era el espectáculo que yo creía que la gente quería ver de nosotros. La Jungla A Fuego Lento es el espectáculo que **yo** quiero ver de nosotros». El mismo Jose se sorprende. Cuando acaba viene a buscarme y me lo

En Pryca Alicante, firmando.

cuenta. A partir de ese concepto que hasta entonces no se nos había ocurrido vienen dos grandes líneas de La Jungla A Fuego Lento que a mi me encantan:

1– Jose presenta todo el espectáculo y sus componentes como si estuviera en su casa pensando como podría hacer el mejor espectáculo posible. Todo eso le da un aire personal a «A Fuego Lento» y refleja realmente lo que es: el sueño de Jose Antonio Abellán.

2– A tan sólo 20 minutos de empezar, y a raíz de lo anterior se nos ocurre cambiar la presentación. Si se supone que todo esto arranca cuando tu estás solo y te pones a pensar en un espectáculo, tienes que estar solo cuando el show empiece. En principio Abellán no lo ve muy claro –en el fondo es tímido y no le gusta acaparar más protagonismo del necesario– pero le convenzo. «Sal. Solo. Sin música y nota como el público te aclama, te grita, te saluda, te quiere. Recoge de una santa vez todo lo que has sembrado.»

Supongo que ahí volqué toda mi admiración por este loco de Abellán. Un tío que hace muchos años creyó en un proyecto radiofónico llamado La Jungla por culpa del cual estuvo a punto de perderlo todo. Él, el tío más hiperactivo que conozco llegó a quedarse sin trabajo por defender ese sueño. Pero a base de tesón y no tirar la toalla por chungo que estuviera ha acabado convirtiéndose en lo que soñó: el programa de radio más innovador, divertido e interactivo de la radio española. Con esa salida de Jose solo en el escenario y todos esos aplausos y vítores quiero que recoja todo lo que ha sembrado: cariño, admiración y sobre todo amistad. Porque él para su gente no es un estrella, es un amigo, aunque no le conozcan. Y cuando sale al escenario la gente le saluda como eso, como quién saluda a un amigo al que hace tiempo que no ven. Para mi, esos 20 ó 30 segundos que Jose está solo en el escenario sin hablar y casi sin atreverse a caminar –te repito que es más tímido de lo que parece– son lo más bonito de toda La Jungla y lo que la rodea. Son la compensación más grande a todo el trabajo que hacemos a diario.

Como podéis entender, al final le convencí. A pie del escenario le di un consejo que le repito siempre: «Disfruta». Me voy con Muñones y Carlos a la mesa de sonido y cuando sale solo al escenario eso se viene abajo. La gente aplaude y grita durante uno, dos, tres o no sé cuantos minutos. Se me pone la piel de gallina, miro al Pulpo y está como yo: con los ojos vidriosos.

Al poco rato Abellán introduce a Whopper. Más emoción. El público le aplaude, el saluda todo lo que su timidez le permite y yo recuerdo que hace apenas dos meses estuvo a punto de dejarnos hasta que le convencí un día en un aeropuerto al que se presentó hundido y sin confianza en si mismo. Más lágrimas. Esto más que un nuevo show parece una novela colombiana.

La verdad es que la acústica del Pabellón de Alicante es bastante mala. Muñones suda la gota gorda para que eso suene un poco bien. Todo y así la gente responde. Todo es mejorable, pero nos sale bien.

Dejo la mesa de mezclas, aparezco en backstage, Jose me ve desde el escenario y me sorprende. No sé todavía qué dijo aquel día, solo se que estuvo un buen rato hablando de mi y me llamó, bueno me dijeron que me estaba llamando porque yo no le entendía. Arriba la gente aplaude y yo le digo: «¿por qué me sacas?». Yo no canto, no bailo, ni siquiera hablo. Pero me saca una y otra vez, y nunca me ha dicho por qué.

Acabamos la primera parte. Llegamos a camerinos, viene Mara afónica perdida y le da a Jose uno de esos abrazos que solo te puede dar una mujer enamorada. Mientras tanto Rosana arranca su parte. Impresionante. Para ella toda la gira es una prueba de fuego ya que deberá tocar en lugares más o menos grandes. Pese a su falta de costumbre la banda de Rosana suena de morirse. De todos modos yo siempre he dicho que lo importante de un concierto no es el sonido, sino la conexión con el público. Y en eso Rosana es la artista más grande de España. La más grande.

Todo funciona tan bien que los 42 minutos previstos de Rosana se alargan hasta pasar la hora (pasará en todos los shows). Cuando uno consigue dominar un pabellón goza como nadie. Y nos dedica la canción que nos volvió a todos locos, aquella que estuvimos programando una semana sin dar el nombre del autor, aquella que volvió loca a toda España para saber quien era esa voz que descubrimos en La Jungla: «Si tu no estás aquí».

Rosana repite «El Talismán» para acabar su set. Sube Jose y se abrazan. Volvemos todos al escenario y llega la hora, la hora de la gallina. Una gallina aparece en el escenario y empieza a sonar un currado medley en clave dance que contiene los hits: La Gallina Turuleta y Cocouaua. Es la gran sorpresa. Dentro de la gallina esta el Pulpo y no recuerdo haberme reído tanto en mi vida. En el escenario Fernando se cae, Jose se sienta y yo me pongo de rodillas. El Pulpo no para de reírse y ahogarse en las distintas vueltas del «Gallina Mix»

El concierto acaba repitiendo «Oh Happy Day», un broche perfecto. El subidón es tremendo. La Jungla ha sabido crear un nuevo registro en directo.

Y luego lo mejor: unos Logroños por Alicante. Nos pasamos la noche en La Puerta De Hierro rodeados de amigos: Inmaculada de Murcia, Maripaz de Lorca y tantos otros y otras con los que compartir el relajo que te pilla después del concierto. Esta va a ser una gran gira.

Domingo 20 de octubre 1996

Cada uno vuelve a su casa. Por la tarde hablo con Jose. La base es perfecta y los retoques van a ser mínimos, hemos vuelto a crear un monstruo. Somos felices, el invierno será largo y el sacrificio duro, pero ya sabemos que la recompensa está asegurada: el público nos quiere, nosotros también. El público sale contento, nosotros también. Si pudiéramos dormir más......

Jueves 25 de octubre. Granada

Nuestro siguiente paso. Esa noche cenamos al lado del hotel. En la mesa falta alguien. El Pulpo está en Sevilla para pinchar en una discoteca con Toño Martín.

Fernando y yo (Jungla B) nos quejamos de que no tenemos bolos. De todas formas en la mesa hay alguien nuevo: mi mujer. Pulpo nos llama y avisa: «mañana le pongo un petardo a Jose en el café».

Durante la cena salta la noticia. Al volver de las vacaciones Whopper nos dijo que había roto con Silvia, su novia, también conocida como El Guá por lo breve de su estatura. Pues resulta que no era cierto. Whopper nos vendió la moto para que dejáramos de meternos con ella por antena. Pero aquella noche en Granada Whopper habló demasiado. Se le escapó. Y el Guá siguió siendo un personaje en nuestro programa. Es tan maja como bajita.

Tras la cena, ya en la habitación Fernando me hace la clásica jugada del doble teléfono: Me llama por el interior del hotel y a la vez por el móvil. Yo siempre pico.

Viernes 26 de octubre. Granada

Mari Paz nos ha preparado una preciosa aula en la Universidad De Granada que se pone hasta arriba de gente. Yo cuelgo carteles de Jungla B delante de Fernando y de mi. Pero ese día será recordado por mucha gente de la radio musical por otra cosa: «Tango» de Julio Iglesias.

En «El País» aparece un anuncio a toda página: «Hoy la Cadena X estrena en primicia el nuevo disco de Julio Iglesias a las 10 de la mañana.» Jose nos sorprende a todos y abre el programa a las siete de la mañana poniendo un tema de ese álbum ¡Tres horas antes que la Cadena X!. ¿De dónde lo habrá sacado? Al cabo de unos meses lo sabremos, justo cuando nos dijo que Julio Iglesias iba a ser el padrino de su tercera hija, Rakel.

Siempre que hacemos el programa desde alguna Universidad nos gusta gastar alguna broma a profesores. En Granada se la metimos al Decano que se tragó que éramos el Diario Marca consultándole sobre su estado físico, según él óptimo, según los alumnos fondón y más bien gordo.

Y esa mañana vienen por primera vez al programa un grupo de Sevilla que Carlos nos descubrió a todos y nos tenía el coco sorbido: Siempre Así. Con Rafa Almarcha al frente se marcan una versión de «A mi manera» con El Pulpo a la voz solista. Creo que en toda su vida no canta ni cantará mejor. Luego comemos con ellos.

Maldita comida. Porque ese día Carlos descubre el vocablo Jordiet (Jorgito en catalán). Desde entonces me llama Jorduat (los suyo es el inglés, no el catalán). Y Fernando nos cuenta la historia de su vecina muda. Imaginaos lo que debe ser un ciego y una muda en un ascensor contado por Fernando.

Ese mismo día a las seis de la tarde firmamos discos en El Corte Inglés. Todos ponemos los móviles encima de la mesa. Abellán empieza a regalarlos a todos los que pasan, y alguno se lo cree y está a punto de llevárselo. Al final me doy cuenta de que Carlos está firmado con mi nombre y yo me pongo a firmar como si fuera El Pulpo. Todavía debe haber alguien en Granada que se cree que yo soy él y él es yo.

Al salir del Corte Inglés Carlos monta una de sus zorreritas más históricas. En una parada de autobús hasta arriba de gente le da una tremenda patada a una papelera a la vez que se pone una mano en el ojo y grita como si le hubieran tirado algo. Todo el mundo le mira y un par de señoras mayores se le acercan. El sigue gritando y llorando. «¿Te han tirado una piedra hijo mío?» Le dicen las señoras «No, me parece que ha sido un albornoz». Unos metros más arriba escondidos en un portal Abellán, German y yo estamos en el suelo muertos de la risa. Cuando acaba el número a Abellán se le encienden los ojitos: el Pulpo en la tele puede ser la bomba.

Aquel viernes en Granada volví a ver a un viejo amigo: Joaquín Almendros «Quini» de La Guardia. Tras la muerte de Conejo y la marcha de Emilio y Manolo ha vuelto a buscarse la vida currando aunque no deja de ensayar cada semana y tiene una buena colección de temas nuevos. Otro buen amigo de la Jungla es el solista Rafa Martín. Viene a Granada con su cuñado Jose Luís Rot (que a fuerza de venir a muchos shows acabará nombrado gruppi oficial de la gira) y el Pulpo le da su particular bienvenida: Cinco petardos en un cigarrillo.

Empezamos a ir de bares por Granada y Abellán se pone ñoño recordando anécdotas de la gira del año pasado. Para mí –que no estuve con ellos– lo más fascinante es cuando me cuentan como era antes Carlos Moreno (todavía no conocido por el Pulpo). Productor de todo, coordinador de nada, más bien tímido y callado, la primera vez que sale al escenario durante El Show De La Jungla es para demostrar al público como la curiosa redondez de su cara recuerda al escudo del Barça. Muchas veces lo hemos contado, pero Carlos no fuerza nada su voz al cantar, es natural. Durante largos viajes con el coche de Jose por las Españas Carlos cantaba las canciones que sonaban en el hifi del carro. Hasta que un día a Abellán se le ocurrió: «¿Por que no cantas en el programa?». El resto es historia. Pero para mi lo más importante de la jugada es que a partir de entonces Carlos –ya convertido en El Pulpo– se suelta la melena y descubre su personalidad infantil, fresca, divertida e imprevisible. Así era ya cuando yo le conocí, una caja de sorpresas llena de recursos naturales, nunca forzados o preconcebidos, siempre espontáneos.

Por cierto, aquella noche la marcha siguió por los bares de Granada. Afortunadamente para todos yo me retiré. Suerte, porque lo que pasó luego es impublicable y si hubiera estado allí me hubiera encontrado con la obligación deontológica de contarlo.

Sábado 27 de octubre. Granada

Algarabia general. Hoy hay cambio horario y dormiremos una hora más (algunos podrán salir una hora más). Durante la comida llega Toño –con T– Martín (100 Sevilla) y Abellán le pide a m mujer que venga a todos los shows, que él le paga los viajes. Según Jose yo estoy mucho más simpático y no les controlo los horarios.

17:00 Llega Rosana al Pabellón. Le presento a mi mujer y una vez más derrocha simpatía. Siempre decimos lo mismo. Cuando descubrimos a Rosana nos enamoramos de sus canciones, como luego han hecho cientos de miles de españoles. Pero nos gustaría que cientos de miles de españoles la conocieran personalmente porque vale la pena. Pocas personas conozco que sean más cautivadoras, simpáticas y optimistas. Lo digo de corazón. Mi mujer puede comprobrarlo.

17:30 Rosana empieza su prueba de sonido. Abellán y El Pulpo se ponen a bailar como locos en primera fila. Rosana tiene que parar a media canción porque se rompe el pecho.

18:00 El cachondeo sigue con nuestra prueba y durante la Gallina Mix de Carlos. Luego probamos otra gran idea de Jose que puede convertirse en uno de los puntos álgidos del concierto. Una especie de improvisación de Fernando y Patricia con Whopper marcando siempre el mismo ritmo sobre el teclado. Y sobre ese ritmo van saliendo algunas grandes canciones: Revólver («Si es tan sólo amor»), Mecano («Mujer contra mujer»), Rosana («No puedo estar sin ti») y el clásico de Danza («A este lado de la carretera»). Todo con el mismo ritmo. Tremendo.

22:00 La Jungla a Fuego Lento arranca la segunda edición. En el backstage La Guardia y OBK vienen a vernos. Abellán disfruta más del inicio y pasea seguro por el escenario. La gente responde con locura: ocho mil personas han agotado las entradas. Fernando se marca una variación «swing» de «Every breath you take» que –junto con la improvisación– le añade más empaque a un espectáculo cada vez más redondo.

Rosana arrasa. Ella también alarga su show más de lo previsto. La respuesta de la gente de Granada es emocionante, hasta el punto que al final Rosana deja la guitarra y se marca un «Si tú no estás aquí» acapella. Y por si fuera poco además de dedicarnos varios temas llama al Pulpo al escenario para cantar a dúo (la carrera que se marcó Carlos fue tremenda ya que estaba en la otra punta del pabellón ligando como siempre).

Volvemos a salir nosotros. Hacemos la Gallina. Jose me hace subir otra vez (tampoco me lo esperaba) y tengo una sensación única. Hemos estado ante miles de personas, pero la sensación de un pabellón que te rodea con sus gradas llenas hasta los topes de gente levantada y vociferando es muy especial. Supongo que a partir de ahora será lo normal, pero la primera vez te impresiona hasta hacerte sentir pequeño al lado de la grandeza de tanta buena gente de buen rollo.

Al Pulpo le hemos preparado una encerrona. Jose vende así la historia: «Casoliva ha prometido que hoy, aquí en Granada iba a hacer algo especial para vosotros. Un stritptis integral al que llamamos «La Jungla a Pelo Lento». Pero no puede ser, su mujer ha venido desde Barcelona para evitarlo. Y como no queremos provocar un divorcio el striptis no lo hace Jordi, sino ¡El Pulpo!». Carlos se queda blanco y Whopper dispara la música de «Nueve semanas y media». Se saca pantalones, camiseta y de golpe y porrazo me doy cuenta que da la espalda al público y se toca en cierta parte. Me voy hacia él: «¿Qué te pasa?». Y responde: «¡Me se ha salido la chorra!». Alguna fan privilegiada de Granada con buena cámara debe tener una foto con el Pulpo en calzoncillos y la chorra asomando por debajo de ellos.

Acabada la locura Abellán nos junta a todos en el centro del escenario. La gente canta y grita, no podemos irnos. Abellán habla: «Gracias por ser nuestros bucaneros, porque hoy en cierta Cadena han dicho que somos unos piratas». Efectivamente, en el programa del sábado por la mañana el DJ de turno ha dicho que el estreno del disco de Julio Iglesias en otra cadena ha sido resultado de malas artes y artimañas sucias dignas de un pirata. A la Cadena X no le ha sentado nada bien que estrenáramos «Tango» de Julio Iglesias horas antes que ellos (aunque nosotros no le damos tanta importancia porque desde entonces no hemos vuelto a hablar del tema). Por cierto, ese disco lo tenía Abellán porque su amigo Julio Iglesias se lo mandó desde Miami a él personalmente con una nota: «si ves que alguien lo pone antes del 4 de noviembre ponlo tu porque se habrá roto el pacto» ¿Quién rompió ese pacto?.

Ponemos otro Alice, otro «Happy Day». Casi no podemos irnos. Granada es la hostia.

Por la noche volvemos a salir a disfrutar de la ciudad. Si en Alicante Borja fue nuestro guía, en Granada fue un encanto de chica llamada Imma. Siempre aparece algún oyente franco y simpático que nos pasea por la ciudad (en Zamora fue Aitor, en Valencia otros...).

Domingo 28 de octubre 1996

Todos se van menos mi mujer y yo que nos quedamos de turismo por Granada (preciosa ciudad). Para mi fue muy importante que ella viniera. Este invierno será largo, estaré muchos fines de semana o incluso semanas enteras fuera de casa y quiero que sepa qué hago cuando estoy fuera. Quiero que conozca a mi gente, a mi otra familia y que entienda porque estoy tan bien con ellos, porque me siento tan acompañado y querido cuando estoy con ellos a pesar de los kilómetros que me separan de ella y mi hijo. Sabía que se iban a llevar bien, pero no tanto. No se trataba de que la cuidaran, sino de que la trataran como una más de la familia para que viera lo bien que puede sentirse uno formando parte de La Jungla. Un grupo humano único en su convivencia y armonía que nunca se rompe pese a las largas horas de trabajo y poco sueño a las que nos vemos sometidos. Lo vio, lo vivió y le gustó.

Lunes 29 de octubre 1996

Sin tiempo ni para pensar, me vuelvo a encontrar en el aeropuerto de Barcelona. Llevo un letrero con el logo de La Jungla porque estoy esperando que bajen esos locos del avión. Mañana y pasado hacemos el programa en Barcelona, esa ciudad que respondió tan bien a las movidas de setiembre y que ahora ha agotado las 800 entradas para ver los programas en directo en apenas nueve horas. La locura.

Vamos al hotel. Hay una confusión con las habitaciones y creen que sólo estaremos una sola noche. La Jungla tiembla. ¡Casoliva nos vuelve a cambiar de hotel cada noche! (como cuando el Show en El Poble Español) Pero no. Era un error.

German, Patricia, Whopper, Carlos y Fernando se quedan con la boca abierta cuando les llevo hasta el Puerto Olímpico. La nueva Barcelona les encanta y les llevo a comer al Planet Hollywood. Justo al entrar El Pulpo pregunta por el señor Schwazzenegger y Fernando afirma que le gusta mucho la decoración. Una oyente viene a tomarse un café, alucina porque dice que somos peores que en la radio. Luego el jefe nos enseña el local y nos regala camisetas y gorras. Antes de irnos les enseño el inmenso Hotel Arts. Allí está reunido el jurado del Premio Ondas, y allí irá el Pulpo para reclamar para su propio arte tan ansiado galardón.

Abellán llega por la tarde. Cada vez está más liado con la televisión y el proyecto de un programa nocturno que puede acabar con nuestras fuerzas. Se sube a la parte de atrás de mi coche para que le lleve de chófer. Le pego un grito y pasa delante.

Martes 30 de octubre. 1996

Empieza el espectáculo. Vamos al Golden Rock Café. Un inmenso restaurante en la línea de un Hard Rock decorado con exquisito gusto. Nuestro anfitrión, Pitu, nos atiborra a pan con tomate, embutidos y cafés. Así es imposible no arrancar a las siete con el speed a tope. El local se llena hasta arriba.

Nos visita Daniel Y La Quartet De Baño Band y un catalán que nos tiene enamorados: Jarabe De Palo (estamos hablando de octubre, nueve meses antes de que España descubra «La Flaca» nosotros ya le apoyamos porque se lo vale). Whopper conoce a una catalana cuyo nombre es Julia. Sus amigas nos chivan que canta muy bien y la hacemos subir al escenario. El Pulpo canta como nunca: envalentonado por toda la movida del premio Ondas y el pan con tomate de la mañana se sube por las mesas y acaba haciendo una revisión del «Smooth Criminal» encima de la barra del Golden Rock Café ante el despiporre general. Yo llevo la camiseta del Barça y comparto con Fernando carteles que nos identifican como Jungla B.

Ah! Por cierto. Aquel día también fue el cumpleaños de Jose Antonio (como siempre).

A las nueve y pico de la mañana empezamos a liarla. Los Premios Ondas de radio los concede cada año la Cadena SER. Son unos premios importantes y rimbombantes brillantemente coordinados por Josep María Martí (uno de mis maestros). Cuando el Pulpo empezó a cantar en la radio no vimos otro futuro para ese derroche de arte y harmonías que no fuera un premio de la entidad del Ondas. Por eso estábamos en Barcelona. Llamamos a la Ser e intentamos hablar con Don Josep María Martí pero no fue posible. Queríamos prevaricar un poco a ver si lo conseguíamos, porque en el fondo sabíamos que no nos lo iban a dar por los cauces legales, somos demasiado impresentables. A todo esto llevábamos una caja con miles de faxes que habíamos recibido de todo el país apoyando la candidatura del Pulpo. Pero por si acaso se nos ocurrió otra buena idea: empezamos a dar por antena el número de fax del Hotel Arts, dónde estaba hospedado el Jurado De Ondas. Los oyentes empezaron a mandar faxes como locos. Al cabo de un rato –cuando el programa ya había acabado– me llamó mi amiga Eva Cebrián: el fax del Hotel Arts estaba colapsado por oyentes de La Jungla que querían el Ondas para el Pulpo.

Fuimos a comer otra vez al Puerto Olímpico de Barcelona. Durante la comida a Carlos no se le ocurre otra cosa que llamar al Hotel Arts: «Hola, soy Carlos Moreno El Pulpo ¿ha llegado algún fax para mi?» Y la telefonista respondió «Si señor, un momento..... 457 faxes hasta ahora y siguen saliendo ¿Vendrá usted a buscarlos?» «Si, vendré mañana».

Aquella noche es especial. Como os contaba antes estoy colgado de un álbum llamado «La Flaca» de un catalán de mi generación que con el tiempo se ha convertido en uno de mis mejores amigos. Pero aquellos son días duros, ninguna radio en todo el país sabe ver el potencial de esas canciones que son reflejos de cientos de miles de inquietudes de gente como tú, como yo o como Pau Donés, el líder de Jarabe De Palo. En esos días La Boite (Ana Más) y la 100 hemos montado unos conciertos de presentación de Jarabe. Hubo días que allí éramos doce personas. Aquella noche me los llevo a todos para que le vean tocar en directo y pese al sueño allí están todos los amigos de La Jungla (los que la hacemos y los que la escuchan) que conseguimos el primer lleno en la historia de Jarabe De Palo. A partir de ahí el fenómeno Jarabe se fue extendiendo por toda Catalunya gracias al **único** apoyo de la 100. En España todavía tardaría mucho, aunque las radios siguen sordas y tendrá que ser la televisión quién lo descubra.

Luego fuimos a papear algo a una especie de fast food (juro que les lleve allí porque me lo pidieron ellos) dónde El Pulpo estuvo un largo rato intentando convencer a la cajera que no nos cobrara, que eso lo podíamos pagar por intercambio con publicidad en la radio. Al final pagué.

Miércoles 30 de octubre. 1996

Qué días más históricos los del Golden Rock Café. Si ayer compartimos el día con un desconocido llamado Jarabe De Palo, hoy lo haremos con unos llamados Mojinos Escozíos (se demuestra que nuestro olfato musical sigue en forma). Vienen a tocar y arrasan con sus canciones y el morro que le echa su cantante Miguel Ángel Rodríguez.

El Pulpo y Whopper se van al Arts. A las nueve en punto de la mañana con la ayuda de Sergio y Lluís Arté montan un pequeño estudio al lado del Hotel Arts. Es la última acción para conseguir el Ondas. En poco rato se juntan allí casi mil personas que cantan y bailan con Carlos y Whopper. Al final entramos en el Arts para entregar los miles de faxes que avalan nuestra candidatura.

Por la tarde ya se han ido todos. Acabo de salir de un dentista que me confirma que me voy a pasar todo un año con la mitad de la boca dormida, que eso más que una boca es un atentado odontológico y hay que arreglarlo. Me llama Jose: no nos dan el Ondas, pero tampoco lo esperábamos. La radio musical esta muy desprestigiada para los sesudos directivos de las grandes cadenas de noticias serias y tertulias aburridas. Para que os hagáis una idea, a un maestro como Ángel Álvarez le dan un ondas tras pasar más casi 40 años poniendo discos. A nosotros nos quedan unos cuantos. De todas formas la llamada de Jose tiene otro motivo: Si, la tele ha dicho Si. Empezamos el dos de noviembre en Telemadrid, Canal Sur y Euskal Telebista. Lo hablamos la semana que viene.

NOVIEMBRE 1996

Jueves 7 noviembre. «Jungla De Oro»

Aquel es un día importante para todos, por lo grande y por lo inesperado. Aquello que empezó como una broma partiendo de una idea loca (¿por qué no grabamos el show?) tiene hoy su cenit. Esta noche en La Riviera de Madrid nos entregan el disco de oro, es decir, el certificado de las más de 50.000 copias vendidas del triple CD del «Show De La Jungla». En total llegaremos a las 70.000. No está mal, considerando que la previsión era de 10/15.000.

Pero ese día también es importante por otros motivos. Comemos en Madrid en un restaurante cercano a la radio. Allí estamos: Alfredo Díaz, Fernando Echeverría, Pulpo, Abellán, Muñones y yo. El motivo: la televisión. Jose nos cuenta definitivamente el proyecto. Las noches en FORTA (autonómicas) con la productora GloboMedia. Jose cuenta con todos y sobre todo con Alfredo Díaz, un personaje clave en la historia de la Jungla en radio. Estuvo muchos años con Jose por las mañanas, ahora está por las tardes con Escalada y –para mí– uno de los tíos más brillantes que conozco, me recordaba ese punto genial que tenía mi compañero en la aventura de M80 (Levántate Y Anda) Manolo Acedo. Son de aquel tipo de personas que pueden construir un universo de humor en un papel y hacerlo regularmente, y eso para mí es dificilísimo. Pero además, Alfredo sabe mucho de televisión, y será la cabeza pensante tras de Jose del programa. Todos opinamos durante la comida sobre la tele y sobre todo sobre el horario. El reto es vivir de noche y dormir de día a lo que hay que añadir los viajes del fin de semana. Una locura. Yo, como siempre, ejerzo de abogado del diablo intentando hacerles ver de los peligros y riesgos de esta aventura a nivel humano y profesional. Lo vemos, va a ser duro, pero nos lanzamos. Os digo de corazón que en esa época tuve miedo, mucho miedo. ¿Miedo al fracaso en televisión? No, miedo a que la televisión afectara a la radio, miedo a que nuestro cerebro se nos fuera hacia otro medio lleno de riesgos y peligros. Miedo a dejar de tener los pies en el suelo. Miedo a que el sueño profesional que estamos viviendo se rompa...

A última hora de la tarde vamos a la Riviera. La previsión es de lleno total. Las entradas las han repartido en los concesionarios de la red Ford de Madrid con quienes estamos haciendo la campaña de lanzamiento del Ford Ka. Por cierto, en una de las presentaciones a las que asistimos el bueno de Fernando se subió a uno, lo puso en marcha e hizo un simulacro de ponerse a probarlo que dejó con la cara blanca y sin aliento del susto a la buena gente de Ford que estaba allí. Imaginaos el riesgo de un ciego al volante, y sobre todo si ese ciego es Fernando.

Como os decía llegamos a La Riviera. Allí están nuestros buenos amigos de Montana y su banda a los que no vemos tanto últimamente. Mojinos Escozíos también vienen. Un alucinante grupo de Sevillanos y catalanes que nos sorprendieron gratamente con aquella maqueta que nos dieron hace un par de meses en El Poble Espanyol y que ahora es un disco que estamos radiando a tope aunque no tanto como nos gustaría (sus letras jamás aparecerán en los cuadernos de Rubio). Su líder, Miguel Ángel Rodríguez parece tener gafe con La Jungla. Cuando estuvieron en el programa de Barcelona se nos fue la emisión unos minutos, justamente durante la parte final de su actuación. Y en Madrid visita por primera vez el estudio de la 100 y se carga la tele al darle un golpe con la bolsa.

A las 21 horas la sala está hasta arriba. Mojinos aparecen en escena con bañador y toallas como si fueran a la playa. De golpe y porrazo arrancan. Duros y contundentes, practican un blues rock de alto nivel con letras de lo más escatológico y una presencia en el escenario que complementan con mucho «gag» visual. En aquel momento algunos se preguntaban si el público entendería aquello. Una vez más, el tiempo nos dará la razón.

Al poco empieza el espectáculo. Aparecen los de Omni Records y empiezan a dar discos de oros a gente de grandes tiendas de España. Minutos antes veo en una sala los discos y.... ¡Oh Sorpresa! ¡¡¡Hay un disco de oro para mí y pone mi nombre!!! Por fin un detalle de humanidad para la B. La verdad os lo digo: no lo esperaba (mi contribución a ese disco es la misma que Robson a la historia del Barça, es decir, nula). Jose sale al escenario. Recibe el disco y luego nos va presentando uno a uno. Salimos y recogemos el disco. Fue un momento precioso para mí. Un minuto antes la mismísima Rosana había aparecido en camerinos para felicitarnos: «Cómo iba a faltar yo a su fiesta». La verdad es que fue emocionante. ¡Un disco de oro para

Ore y el Gato

nosotros! Tras tantos años de verlos ir y venir, de compartir momentos como estos con artistas no sabéis lo que significa cuando te lo dan a ti. Además por inesperado. Ya os conté que todo arrancó como una broma.

Aquella noche nos rodean los amigos. El acto lo cierran los Siempre Así (qué buenos son en directo) que acaban cantando «A mi manera» con El Pulpo. Por cierto, había que ver a sus padres en La Riviera ¡Cómo se les caía la baba con su hijo en el escenario! Ese día también veo a Carlos Goñi (Revólver) con quien he compartido miles de horas de radio y camerinos en su difícil ascenso a la fama. Los Secretos, Luz Casal, Danza Invisible, Navajita Plateá, Ramón Madrid, Pepe Barroso. Abellán me presenta a tres amigos suyos del Atleti: Santi, Molina y Kiko. El próximo sábado juegan en Can Barça y cuando me presenta a Kiko le pego patadas en los tobillos para lesionarle. Lástima no le diera más fuerte porque ese sábado hizo un partidazo. Por cierto, había que verme a mí en la grada del Nou Camp chuleando con mis amigos de que «yo conozco a Kiko y nos escucha cada día». Cuando nos hizo una de sus jugadas geniales mi compañero de localidad me dijo «Pues ya podría estar en su casa escuchándote porque nos está dando la noche.»

Esta noche del disco de oro también me encuentro a la Musa de la Jungla y mujer de mis anhelos y desvelos: Paula Vázquez. Vale, es guapísima y está todo lo buena que quieras. Pero mujeres guapas las hay a patadas por muy especial que sea Paula (que lo es). Pero lo que realmente la hace atractiva (que no es lo mismo ser guapa que atractiva) es su forma de ser: simpática, abierta, e incluso inocente. Por eso Paula es tan guapa y más cuando la conoces, porque sus ojos reflejan su belleza interior. Por cierto, que aquella noche me viene, me saluda tan efusivamente como siempre (no me hagáis entrar en detalles) y me presenta a alguien: su novio David. No exagero, estuve como diez minutos para acabar de verle entero. Grande, alto, guapísimo. Me mira de abajo a arriba y me dice: «ah, tú eres Casoliva». Yo me quedé blanco, tragué saliva y le dije: «si, pero todo es broma. No me gusta nada, nada. Es más, no estoy ni casado, soy maricón, maricón perdido, me gustas más tú». Comprenderéis que en aquel momento hubiera vendido mi alma al diablo porque ante tal mole de hombre me jugaba las gafas, los cuatro piños que me quedan y alguna cosa más. Se rió mucho. Menos mal. La camisa volvió a llegarme al cuerpo.

La verdad es que fue una noche preciosa. Un montón de amigos como Iván Recassens, un Junglero de Barcelona al que invitamos a la fiesta por todo lo que ha hecho y hará por nosotros, y también un gran momento «B». Aquella noche yo dormía en casa de Abellán y por lo tanto tenía que irme con él en su coche. Yo estaba charlando con María Vergara mi mejor amiga en Madrid y su novio, y al cabo del rato me doy cuenta de que ya es tarde, voy a buscar a Jose y ..... ¡Se ha ido! Pero que «B». Por lo visto cogió a su familia, la metió en el coche y se fue y cuando llegó a su casa pensó «Joder, el catalán» (una frase habitual en su vocabulario porque al ser yo «B» se olvidan de mí fácilmente). Qué «B».

Al día siguiente, hablando con Jose empezamos a hacer cálculos de cuando volveremos a hacer una fiesta como esta para celebrar el disco de oro de El Pulpo. ¿Cómo? ¿No os había contado que Carlitos había grabado un disco? Qué descuido.

EL DISCO DEL PULPO

En octubre Jose pone por fin en marcha el proyecto que nace antes del verano ante el éxito del Pulpo. Un disco de canciones infantiles con bases «dance» muy modernas. Se trata del disco más impresentable de la historia. Al frente del proyecto José Antonio Abellán. Como productores Oscar Blanco (Whopper) y Gabi Pereira. Fernando le mete algún rap a lo «Megadisco» –ya sabéis– y Carlos, pues eso.. Su voz. Dicho así suena muy cachondo, divertido y fácil. Pero no sabéis el curro que llevó esa historia. De hecho ni nostros mismos lo sabíamos. Yo llevaba el tema imagen, créditos, fotos, etc... Pero las cosas se fueron complicando, lo quisimos hacer tan bien que nos liamos y liamos en master y mezclas de maneras que nos fuimos de tiempo y no pudimos sacarlo para Navidad que es cuando estaba previsto por ser la mejor época para un discos como este y tuvimos que posponerlo.

De todos modos quedan para la historia momentos tremendos. ¿Os imagináis lo que fueron esas primeras tardes en el estudio de Abellán con El Pulpo grabando? Fernando tiene un montón de tomas falsas grabadas en cinta. Un ejemplo: si recordáis el tema «La Chica Ye Ye» sabréis que empieza con una entrada de saxo y arranca la voz: «No te quieres enterar». Cualquier buen vocalista sabe donde hay que entrar contando con la cabeza. Pero claro, El Pulpo no es cualquier vocalista. Es una especie en vías de extinción. Si no repetimos la toma de la entrada 20 veces no la repetimos ni una. Otra, al final de un tema exclama: «hala, ya está hacida». O al acabar otro dice «Ha quedao cojonuda». El técnico que no le conoce se queda con la boca abierta y nos dice por lo bajo «¿Pero este chico se cree que canta bien?». Ese mismo técnico es el que dice que hay que repetir el «Gallina Mix» porque nos hemos equivocado. En lugar de «Ha puesto un huevo, ha puesto dos, ha puesto tres» Carlos dice: «Ha ponido un huevo, ha ponido dos, ha ponido tres».

De todas formas esa magna obra en aquel momento ya estaba casi lista en nuestras manos y era el momento de disfrutarla. El Pulpo está sembrado y se mueve con soltura ante tan trascendental repertorio: Hola Don Pepito, La Gallina Turuleta/Cocouaua, David El Gnomo (precioso de verdad), y otros clásicos infantiles.

Domingo 10 de noviembre

Empieza el gran reto: La semana de Castilla Y León. Desde hoy y hasta el próximo domingo estaremos en esta comunidad haciendo el programa y el sábado en Zamora «A Fuego Lento». Más que un reto para nosotros vuelve a ser un reto para nuestras familias: una semana fuera de casa. ¡Qué santa paciencia la suya!. Una semana entera fuera de casa es duro para todos pero para los que ya hemos formado una familia es más duro todavía. Pero también es un reto para nosotros mismos como grupo humano. Serán siete días de coches, madrugones y kilómetros. Una dura prueba de convivencia.

Jarabe de Palo. Primera actuación en un programa de radio, ocho meses antes de «La Flaca».

Llego a Valladolid acompañado de un Junglero: Félix. Al día siguiente empieza el espectáculo: programa en Valladolid

Lunes 11 de noviembre

A las 6,15 de la mañana nos encontramos con un montón de oyentes a la puerta de la Caja Rural que todavía está cerrada puesto que el encargado de abrirla se ha dormido. Aunque todavía no han llegado las nieves el frío es considerable –sobre todo para un mediterráneo como yo que pasó más frío aquella semana que en los últimos tres años–. En la puerta empezamos a despotricar: «Hay qué ver estos de La Jungla». «Vaya estrellas, ellos allí dentro tomando café y nosotros los oyentes aquí fuera pasando frío». La mayoría de la gente nos conoce pero alguno pica y se enfada con nosotros «Bueno, si los de La Jungla no abren sus motivos tendrán pero no tenéis por qué criticarles, si no os gustan os vais a casa». Me imagino la cara que puso ese oyente cuando bajó a la sala y se encontró que aquel piquete anti–Jungla éramos nosotros mismos.

El programa discurre con momentos brillantes y metidas de gamba: yo afirmo estar encantado de hacer esta gira por Castilla–La Mancha. El Pulpo dice que Caja Rural viene de «Robar»... Todo y así lo salvamos. La interpretación «Pulpi» de «Si tú no estás aquí» vale su peso en oro.

Cerrado el programa nos vamos hacia Burgos. En el camino Jose me pone la cinta del próximo bombazo musical del anti–pop: el disco del Pulpo casi terminado.

El trabajo musical es tremendo, los temas están muy bien «hacidos» e incluso Carlos canta tan mal como puede con un naturalidad pasmosa. Sin darte cuenta te encuentras cantando las canciones a grito pelado. Se pega sólo y además tiene una gran ventaja, te pone contento. Es el único disco que puedes cantar con la felicidad que da darte cuenta que tú cantas mejor que el vocalista principal.

Ese día comemos en Burgos (¡vaya morcillas!) y nos vamos a la cama a las cinco de la tarde. Aunque parezca mentira nosotros también dormimos y no puedes llevar el ritmo intenso con dos o tres horas de sueño diarias. Aquel día Patricia, Fernando, El Pulpo y yo dormimos doce horas. Abellán no lo entiende.

Martes 12de noviembre. Burgos-León

Programa en Burgos. Nos ha habilitado un teatro precioso. Pero... El café se retrasa. Abellán empieza a ponerse nervioso y nosotros nos acordamos de Zaragoza. Abellán: «Joder, Pulpo, ¿Dónde está el café?» Pulpo: «Tranquilo Jose, me han dicho que ahora lo traen de Zaragoza» (Muñones se ríe por detrás mientras Jose se va encabritando). Finalmente la atenta Begoña de Cadena 100 Burgos trae el termo con el café. Falsa alarma.

Durante el programa el Pulpo interpreta uno de los grandes hits de su disco. «Los Tres Mosqueperros» ante el delirio del teatro abarrotado (en todos los programas de esta semana las invitaciones se agotaron hace días). Conectamos con Luqui y Megadisco, que en toda la semana no supieron nunca en que ciudad de Castilla–León estábamos haciendo el programa pese a nuestra insistencia, lo único que tenían claro era que «A Fuego Lento» esa semana era en Zamora. Por cierto, aquel día El Pulpo está contento: habla con un chaval de 17 años que ha repetido cuatro veces Primero de BUP y le hace preguntas como «¿Te sabes la tabla del uno?» o «¿Cuantas comunidades autónomas hay?» con lo que el estudiante pudo demostrar que a pesar de repetir tantas veces tiene más cultura que Carlos. Por cierto, como en todos los programas que hacemos fuera del estudio el público empezó a cantar «Cumpleaños Feliz» a Abellán. Como siempre fue El Pulpo quién engañó al público.

Tras el programa nos vamos todos en furgoneta. Conduzco yo porque German Muñones está hecho polvo. Es el que más curra ya que él además de estar en el programa tiene que montar y desmontar el equipo lo cual significan muchas horas. Curioso personaje Muñones, duerme poco, trabaja mucho y siempre está de buen humor. Su eterna buena disposición es uno de los factores clave para que la convivencia dentro del grupo funcione. Vamos para León y paramos para echar gasolina. Carlos pide unas gotas para su mechero. Durante el viaje escuchamos el disco del Pulpo y nos autocriticamos un poco. Luego, cuando los kilómetros se van haciendo más y más largos el Pulpo contribuye al hastío general poniéndonos una interminable cinta de una de sus antiguas sesiones de discoteca. Insoportable y bastante penoso. Pero él está muy orgulloso de su pasado como DJ y cada vez que llega una mezcla sube el volumen como si fuera buena. Fernando lo resume muy bien: «Macho,

El Pulpo, en el Hotel Arts, pidiendo el «Ondas».

yo estaré ciego pero tu estás sordo».

Ya hemos llegado a León. Intentando encontrar el hotel vamos haciendo preguntas a las gentes del lugar del tipo «¿Falta mucho para llegar a León?» «Perdón, ¿para llegar al Paseo Marítimo?» (esta la hace siempre Carlos cuando vamos a una ciudad sin mar). O simplemente entramos en el terreno más hortera de nuestro repertorio gritando a alguna chica que lleve coche: «¡¡¡Chichi!!!» Para acto seguido decir «Somos de 40» no fuera caso que desprestigiáramos a la 100.

En León nuestro amigo Contreras (Cadena 100 León) nos lleva a una comida que cambia mi vida: por primera vez como mollejas. Pero Dios ¡Qué buenas! Desde ese día no dejé de pedir mollejas en todas las ciudades por las que pasamos. Luego damos un paseo por León. ¡Cómo me impresiona ese viaje por Castilla–León! Los paisajes, las ciudades, los monumentos. Todo me parece majestuoso, adusto, profundo, lleno de historia, de pasado. Todo distinto a mi tierra o a las que había conocido hasta entonces. Impresionante, esa es la palabra. Te sientes pequeño al lado de tanta grandeza, pero no grandeza en tamaño, sino en sentimiento.

Aquella tarde firmamos discos en León, y funciona muy bien a pesar de que toda la ciudad se manifiesta en favor de la minería (la mayoría de amigos se iban de la firma a la mani) y tras la firma Fernando y Carlos montaron una de las mayores zorreritas que yo les recuerdo.

Pasamos por delante de una biblioteca y se metieron para adentro. Yo les seguí a una distancia prudencial y me escondí tras de una columna. El propio bibliotecario no podrá olvidar como esos dos le dieron la tarde. Carlos poniendo voz de tonto y

Fernando haciendo gala de su ceguera se empeñaron en que querían un libro: «Manual Práctico Del Estudiante Vago». Que venían a buscarlo desde Sanchidrián (mítica villa piropeada constantemente desde La Jungla), en concreto desde el «Colegio De Impedidos y Deficientes de Sanchidrián». El señor trataba de contarles que necesitaban una tarjeta: «No una tarjeta no, un libro, queremos un libro» (Carlos) «Sí, para que yo lo pueda leer» (Fernando). El hombre intentaba contarles lo de registrarse: «Claro, no nos lo dan porque soy ciego» (Fernando). La situación estaba llegando a un punto que veía yo a ese hombre capaz de cortarse las venas con un tomo de Shakespeare. Entonces salí y volví a entrar dando un portazo terrible: «¡¡Aquí estáis!! ¡Hace una hora que os voy buscando por todos laos!». Carlos y Fernando me miran con cara de pena y dicen: «¡¡Papaaaaá!!». Me aguanto la risa y les cojo: «Perdóneme buen hombre, no son mis hijos. Son dos alumnos de un centro de educación especial y me los tengo que llevar ¿Le han roto algo? ¿Le han molestado mucho? Le ruego les disculpe» El pobre hombre no era capaz de articular palabra, sólo podía decir «No, qué va, no», mientras me llevaba a esos dos locos que seguían hablando como si fueran tontos: «Papaaaaaá ¿Dónde está mamaaaaaá?». Evidentemente lo que nos llegamos a reír cuando conseguimos salir de allí no está escrito.

Miércoles 13 de noviembre. León-Salamanca

Es el día de programa. Abellán no ha dormido en León. Los preparativos de la televisión le hacen viajar a Madrid casi a diario. Aquel día nos hace sufrir. Llega apenas diez minutos antes de empezar el programa en el Aula Magna de la Universidad de León. A los pocos minutos de abrir las puertas aquello se llena hasta arriba. Gente, ambiente, y una curiosidad: al poco de empezar Abe hace una referencia a esta gira por «las tierras de Castilla–León» y se oyen unos tímidos silbidos. Nos acordamos entonces que los leoneses no se siente parte de esa Castilla autonómica sino que exigen una comunidad propia. Hay que ir siempre con tacto en ese tipo de cosas y se lo comento a Abellán.

El programa marcha a la perfección. Hacemos una llamada a la rectora que pica y luego viene a vernos. Contactamos con José María García ya que es su cumpleaños y nos comenta que Indurain se ha vuelto Curro, está en el Caribe (estaba ahí de vacaciones decidiendo su futuro). Al Pulpo le regalan un precioso pastel con un pulpo de chocolate blanco encima. La gente se enrolla y Fernando canta por primera vez una canción que nos emociona a todos y que desde entonces se convierte –junto a «Daniel»– en pieza clave de su repertorio: «Everybody's talking» el clásico de Harry Nilsson de la película Midnight Cowboy. El aula se viene abajo con los gorgoritos del «gato» e incluso nosotros nos llegamos a emocionar.

En programas como éste uno se da cuenta de lo importante que resultas para la gente. Los que trabajamos en la radio difícilmente nos damos cuenta del alcance de nuestro trabajo. Si sales por la tele y tu programa funciona los periódicos te entrevistan, las revistas te persiguen y la gente por la calle te reconoce y te saluda constantemente.

Si trabajas en la radio, por mucho que la gente te oiga si tu no sales de tu estudio puede ser que entres en un bar en el que haya 200 personas que te escuchen y ninguna de ellas se dirigirá a ti porque no saben quién eres. Por eso para mi son tan bonitos esos programas con tanta gente, porque por primera vez veo las caras de la gente que nos oye y charlo con ellos, comparto su alegría, y –hay que reconocerlo– te permite saciar tu posible vanidad. Te das cuenta de que tu trabajo es importante para mucha gente, y cuando te levantas a las cuatro de la mañana esos detalles son importantes para ejercitar el difícil sacrificio de sacarte la sábana de encima cuando te la has puesto un par de horas antes. Para mi, llegar a una ciudad en la que no he estado nunca y que la gente me conozca, se sepa mi nombre –con lo complicado qué es– e incluso que me acepte como catalán me encanta. Recuerdo que en el programa de León hicimos una llamada a Tarragona y nos encontramos con un contestador automático en Catalán. Jose me abre micro y yo empiezo a hablar en catalán y luego traduzco al castellano. La gente al final ríe y aplaude. Soy catalán, hablo en catalán y pienso en catalán, y que en una ciudad tan castellana como León la gente pueda aceptar mi lengua madre es más importante que 30 campañas institucionales de la Generalitat. Me siento como si les estuviera mostrando a todos que los catalanes no somos tan raros como muchos nos pintan, que las diferencias son menores de lo que pensamos y que el hecho de tener una lengua propia no nos hace tan distintos. No es incompatible querer a Catalunya y a la vez querer a España, pese a que muchos –sobre todo en el resto de España– se obstinen en que así es.

Un capón: Juan José Lucas. El presidente de la Comunidad Autónoma de Castilla León está escaqueándose toda la semana para no concedernos una entrevista (¿nos temía acaso?). En esos días le pongo el sobrenombre de «El Pato»: «he llamado al Pato», «he hablado con el ayudante del Pato» etc... El Pato... Lucas (otro de los puntos de nuestra sección «haciendo amigos»).

Al acabar el programa Jose vuelve a irse a Madrid a trabajar y el resto del equipo nos metemos en la furgo. Destino: Salamanca.

Durante la ruta pasamos por Zamora. Recuerdo que en esos días tenemos todos una extraña sensación: ninguno de nosotros conoce esa ciudad ni hemos estado nunca (ni siquiera Abellán que conoce casi toda España). Sólo una referencia, Luís Jaramillo, el director de Cope Burgos que es de allí y nos lo dice: «no tiene nada majestuoso, pero se vive muy bien en Zamora».

Durante el camino a León si algo hay que destacar la mala idea que tiene Carlos a veces. Patricia estaba que se meaba y el Pulpo no tiene otra ocurrencia que coger una botella de agua y pasársela por la cara unas 20 veces. La rubia quería matarle. De hecho, a medida que nos acercábamos a Salamanca a Carlos le iba sobreviniendo el «chispazo». Él siempre está de broma, pero de vez en cuando le da un chispazo, se vuelve como loco y entonces se pone irrefrenable. Cuando llegamos a Salamanca le dio el «chispazo». Estábamos en un atasco y practicó uno de sus deportes favoritos: bajar la ventanilla y empezar a decirle incoherencias a la gente.

«Eh tu! ¡Pásame ese adoquín!» A un chaval que pasaba al lado de una obra.

A un ambulancia, gritando como loco: «¡¡Te han quitado la sirena!! ¡¡Te han quitado la sirena!!»

Al camión de butano: «¡¡Butano!!» tapándose la boca, y el butanero mirando para arriba.

Y así varios abruptos más. Para los que vamos dentro del coche esos son los mejores momentos del día, cuando prácticamente no puedes parar de reír. Pero para la gente que de golpe y porrazo se encuentra por la calle con un tipo lanzando esas sandeces provoca normalmente una cara de extrañeza, otras veces sorpresa y la mayoría alguna que otra reacción de cabreo airado.

Tras todo esto llegamos al Parador De Salamanca donde nos colocamos una santa comida salmantina entre pecho y espalda en la que no faltan las mollejas. A la hora de los postres Carlos lanza otra de sus preguntas habituales a los camareros, uno de los gremios más castigados por sus locuras.

«Joven, la tarta de queso ¿Lleva queso?». Y lo mismo con la de chocolate, trufa, whisky, etc...

A esas horas de comer a Carlos todavía le dura el chispazo y le da los postres a Fernando. Es curioso, no hay nadie que cuide más de Fernando que Carlos, pero tampoco hay nadie que le haga más la puñeta. En los postres nos ponen unas trufas en la mesa y Carlos se las da al Gato con una consistente capa de pimienta. Como además Fer traga como un orco, se da cuenta de la jugada cuando ya se ha comida la trufa. Es gracioso, porque Fernando no se enfada nunca, porque no solemos enfadarnos con las faenas que nos hacemos los unos a los otros, forman parte de nuestra relación y convivencia, sin ellas no sería lo mismo (por eso nos llamamos La Jungla). A veces sin embargo ocurre que quién no forma parte del grupo y ve que le hacemos alguna jugada al ciego se escandaliza y nos llama la atención, y eso a Fernando le sienta fatal, porque en ese momento se le trata con diferencia por su ceguera y eso no lo soporta. Nosotros nunca le tratamos de una forma especial por ser ciego, más al contrario, se nos suele olvidar, lo cual es un problema a veces cuando le guías.

Aquella tarde la pasamos como suele ser habitual: Muñones montando, el Pulpo gestionando un ligue que se ha buscado en Salamanca y el resto durmiendo. Esta vez la diferencia es que yo me levanto para salir por la noche con Olga Marset (Cadena 100 Salamanca) para conocer la ciudad, y la verdad es que vale la pena. El ambiente es sano, la gente alegre y la ciudad preciosa. Por cierto, en el deambular por la ciudad me llevo una sorpresa: ¡Whopper con una chica! ¡Y me dice que no dormirá en el Parador!

Jueves 14 de noviembre. Salamanca–Zamora

Desayunamos en el mismo Parador. A las seis de la mañana nos tienen preparada una buena selección de embutidos de la tierra. Abellán llega con más tiempo, pero en una curva está a punto de cerrarse la historia de La Jungla. Un tractor sin luces tiene la culpa ya que Abellán está a punto de comérselo. Un rápido golpe de volante lo evita pero en el posterior frenazo se le va el coche casi a Parla.

En el Parador Jose pregunta ¿Y Whopper? Cuando le cuento lo que ha pasado

¡¡Ésa es mi B!!

anoche se le ponen los ojillos y la sonrisa peligrosa. Es el Abellán–Diablo. Hoy la va a liar.

Llegamos a la universidad, el aula es grande y empinada. En las primeras filas está Whopper con su «amiga» y otra chica más y Abellán empieza a gritar: «Ligón, como has triunfado, toda la noche por ahí, y encima con dos!». Whopper se levanta, pone cara de no haber matado una mosca, enrojece todos los kilos de su rostro y empieza a agobiarse, se la ve venir, y le viene. El tema Whopper se convierte en el «disco rojo» del programa, y a las horas en punto Abellán lanza siempre el mismo mensaje. Lo mucho que hemos sufrido todos cuando hemos visto que Whopper no ha dormido en el hotel. Pero ahora el mensaje para su novia y su familia es: que no cunda el pánico, Oscar ya está localizado, ha pasado la noche con una amiga de Salamanca y por lo visto la ha pasado muy tranquilo porque han llegado cogidos del brazo. A todo esto Whopper insiste: es una amiga y su novia está al corriente de todo. ¿La verdad? Yo no la sé ¿Te la imaginas tú?

Por cierto, no lo he comentado. Como vais leyendo, todos los programas de esta gira Castilla–León son un éxito, pero lo de Salamanca se sale de madre. Al llegar a las seis vimos gente fuera y nos comentaban que hay unas 300 personas en la puerta a las cuatro de la madrugada haciendo cola y aguantando a base de termos de café que van compartiendo entre todos. De hecho yo me encuentro peña que vi la noche anterior por los bares de la ciudad ¡No han dormido!

A las 6:50 se abren las puertas, diez minutos antes de lo habitual por el frío y para evitar problemas: hay tanta gente que se teme una avalancha. De hecho en Salamanca no se han repartido invitaciones y se lía una gorda. A las siete el aula está abarrotada. En la sala caben unas mil personas, pero los responsables aseguran que hay unas 1500 dentro más un par de miles más pululando por los grandes salones adyacentes a la entrada lanzando cánticos para que se les deje entrar. Normalmente nos encanta al acabar el programa quedarnos para charlar con los oyentes, pero aquel día en Salamanca por primera y única vez hasta la fecha tenemos que salir corriendo por la puerta de atrás y a Dios gracias de que exista una puerta de atrás, porque durante todo el programa nos vamos mirando y pensando: «si tenemos que salir por la puerta de entrada estamos aquí hasta el año que viene». De hecho al salir y cuando ya hemos subido a la furgo unos cuantos locos de Biológicas en plena fiesta nos rodean la furgo para no dejarnos marchar. Casi me llevo a tres por delante. Y luego por las calles de Salamanca una cola de 20 ó 30 coches siguiéndonos hasta el parador dónde al final charlar con más calma con algunos oyentes.

Como os podéis imaginar aquel programa fue la bomba. El calor del público es tremendo durante las cuatro horas. Pulpo canta «Marco» en acapella por primera vez. Fernando vuelve a emocionarnos a todos con un «Everybody's talking» todavía superior al de León porque le incluye una trompeta que no es otra que su misma boca (¡la de cosas que pueden salir de la boca de este gato!). Cuando acabó la canción parece que aquello se viene abajo (y lo digo en serio). Yo recibo una nota: «Jordi, pareces el angelito del belén» Siempre será mejor eso que no que te llamen feo. «Límpiate esas botas» me escribe otra. Y me dedico a uno de mis deportes favoritos. Cuando estamos parados por desconexión o publicidad y la gente está como medio en silencio y relajada, coger varias botellas de agua (llenas) y lanzarlas al aire al grito de «¡llueve!»

Al acabar el programa y tras todas las peripecias que os decía llegamos al parador, damos una rueda de prensa y nos dirigimos hacia Zamora. Por un lado la furgo con German, Whopper, Pulpo, Patricia y Fernando. Por otro lado Jose y yo en su coche. Por el camino «machaco» a Jose: nos estamos liando con la tele, y de entrada vamos a perder eso que estábamos viviendo: los programas en directo. Con un programa nocturno en un horario tan criminal se acabaron las salidas, el contacto con el público y la transmisión radiofónica de momentos como el que acabábamos de vivir en Salamanca. En el fondo seguía viendo que hacer televisión cada noche diariamente era una temeridad que podía poner el peligro el buen funcionamiento de la radio. Y mientras íbamos hablando llegábamos a Zamora, faltaban unos diez kilómetros y no habíamos adelantado a la furgoneta donde iban los demás. Llamamos al móvil de Carlos y nos dice que ellos están a unos 40 kilómetros «¿Pero cómo? Si nosotros hemos salido diez minutos después que vosotros». Luego nos dimos cuenta que German –una vez más– se había perdido. Lo peor de German no es que se pierda y siempre coja el camino más largo para ir de una ciudad a otra, es que no se da cuenta de cuando lo hace.

Llegamos a Zamora, al Hotel Sayagués. Comemos allí mismo con la gente de Cope/Cadena 100 en Zamora. Toda la cadena está sorprendida de cómo una emisora más bien modesta ha podido embarcarse en una acción del tamaño de traernos a nosotros y a Rosana a la ciudad. Nos comentan: en Zamora viven 65000 personas y en el Pabellón Ángel Nieto caben 6500 personas .Es decir, necesitamos convocar al 10% de la población, y ya lo hemos hecho porque las entradas.. ¡¡están agotadas!! El equipo de gente que guió todos nuestros movimientos esos días le tengo por el grupo de profesionales más currante y brillante con el que me he encontrado en mucho tiempo, lo que hicieron tuvo mucho mérito, porque además lo hicieron muy bien.

Al cabo del rato vamos a echarnos la siesta. Pero entre las habitaciones de todos nosotros hay una dónde siete u ocho valencianos más bien jóvenes están dando voces. Juegan a las cartas, a un juego llamado «Michigan» y ríen y gritan como posesos. Así no hay quien duerma. Me voy a la habitación de El Pulpo y Fernando que está al lado de la de los valencianos y me encuentro al Gato dando golpes a la pared y gritando: «Esos putos orcos que se callen de una vez!!!» (es la primera vez que oigo tan bonita expresión: orcos). El Pulpo no se queda corto: «¡¡¡¡Tengo un hacha y os voy a matar a todos!!!!!»

Lo grita como si fuera lo último que vaya a hacer en la vida. De golpe la habitación contigua enmudece y al cabo de unos segundos se abre la puerta. Un valenciano con acento cerrado y cara de asustado mete la cabeza por la habitación y dice con voz temblorosa: «os hemos molestado, es que estamos jugando al Michigan». «Pues voy a quemar Michigan entero» grita Fernando. No volvemos a oír nada en un par de horas.

Aquella tarde salimos a pasear. Patricia, Pulpo, Abellán y yo con nuestra guía, Belén de Cadena 100. A Abellán se le cae la baba. No había estado nunca en Zamora y se va enamorando de todos los rincones. Yo, detrás de él, no digo nada, pero noto algo en el ambiente que me gusta. Zamora no es Salamanca, quiero decir, no tiene grandes monumentos, ni plazas, ni nada espectacular, pero lo cierto es que recuerdo que aquel paseo me gusta especialmente, hay algo en el ambiente.... Durante la visita vamos comentando detalles arquitectónicos gracias a los cuales Carlos Moreno aprende dos palabras nuevas: ad hoc y «art decó» «¿Art de qué?» dijo la primera vez que lo oye. Lo malo es que durante todo el fin de semana va intentando colocar las expresiones pero nunca en el lugar que le corresponde. Por ejemplo: «estas mollejas me saben ad hoc» o «pues me parece que este coche es art decó».

Paseando por la ciudad al atardecer no pueden faltar buenas tapas. Y en una de las paradas llegamos a un garito pequeño en el que –nos dice Belén– se hacen los mejores pinchos de Zamora. La verdad es que tenía razón. Pero lo curioso de esta visita son dos cosas. Una, nos encontramos a la panda del hotel. Son unos valencianos que forman una orquesta que viaja por España para enseñar música a los niños, y precisamente uno de ellos es Junglero y se han pasado todo el viaje escuchando la cinta del show. Se obstinan en enseñarnos como se juega al Michigan. El segundo dato curioso de ese bar de tapas de Zamora es el camarero. Cuando le pides un pincho no hay que decirle: «ponme un pincho». No, porque solo se sirven pinchos. Sólo hay que decirle: «uno que pique» o por el contrario «uno que no pique» ¿Os suena? De ahí nace ese personaje que durante meses estuvo surtiendo a La Jungla de pinchos día tras día a base de «que pique» y «que no pique». Volvimos varias veces a ese bar, porque los pinchos y los «chismes» (así llaman a las copas en Zamora) eran de nivel.

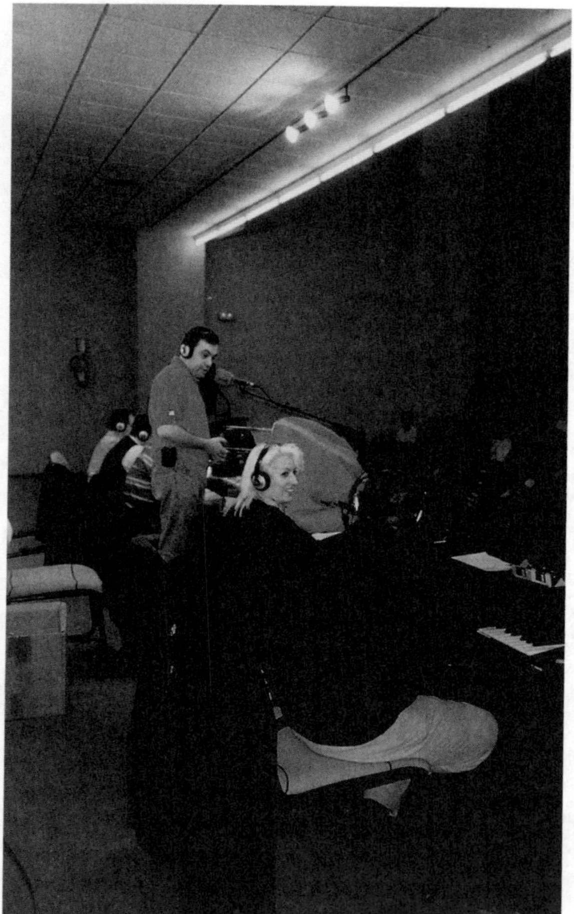
«La Jungla», en la Universidad de Salamanca.

Viernes 15 de noviembre. Zamora

Además de todo el esfuerzo que supone montar «La Jungla A Fuego Lento», la gente de Zamora todavía tuvo arrestos para habilitarnos un precioso teatro para hacer el programa en directo. Ese es otro bello recuerdo que guardamos de nuestro paso por Zamora. La gente es especialmente agradable, te hace sentir bien, tienen todos un guiño delicioso de complicidad. Te sientes como si les conocieras de siempre aunque sea tal vez la primera vez que les ves. Como veis Zamora me cautivó, aunque también es cierto que es la ciudad dónde más días hemos podido pasar viajando con La Jungla.

Durante el programa tenemos visitas ilustres, el Concejal de Juventud y el mismísimo Alcalde De Zamora se somete a la entrevista más extraña que le hayan hecho nunca. Esas habituales y rocambolescas preguntas que hace Carlitos Moreno durante los programas fuera de los estudios suelen surgir alrededor de un café la noche antes entre Abe, yo, Fer, Muñones y él mismo (normalmente tenemos que frenarle). Fijaos que breve catálogo de entrevista modelo para hacerle al Alcalde De Zamora, fijaos que tres preguntas punzantes:

1.«¿Me podría enseñar la casa dónde nació Zamorano?»
2.«¿El nombre de Zamora viene del famoso portero de los años 30?»
3.«Me sé el himno de la ciudad. Y va y canta: «La Zarzamora»»

Yo creo que cualquier persona que hiciera eso en una ciudad tan orgullosa de si misma como es Zamora saldría de allí con los pies por delante. Pero si esa persona es ese dechado de bondad y ese cúmulo de inocencia llamado «El Pulpo» se le permite todo. ¡Qué suerte tiene! Además ese día está inconmensurable convirtiendo el «Stuck on you» de Lionel Richie en «Stusonflu». Patricia la ha cantado antes y el la vuelve a interpretar porque «ella la ha dejado flojita, no ha estado fina».

Como no tenemos bastante con el Alcalde y el Concejal de Juventud durante el programa llamamos a otro Concejal de para gastarle una broma pero nos pilla en seguida, aunque sigue con el juego. En esos días Zamora se prepara para el Congreso Regional del Partido Popular y le preguntamos como recibirán al Vicepresidente del Gobierno Francisco Álvarez Cascos: «Pues mire usted, no le haremos mucho caso porque en Zamora estamos todos pendientes de la visita de La Jungla». En el partido no sé si tiene mucho futuro pero con ese arte para quedar bien tiene un largo camino en la política.

Acaba el programa. Charlamos con la gente y nos vamos a una tienda cercana a firmar discos. Entre una y otra cosa y por mi innata condición de B no me doy cuenta y me quedo solo. Suerte que un buen zamorano llamado Aitor me lleva hasta la tienda. Durante el paseo me fijo en las gentes de esa ciudad, se respira tranquilidad en el ambiente.

Al cabo del rato nos encontramos en la tienda. No os lo había comentado pero en esos días de Castilla–León Fernando se acatarra y guarda reposo a base de los jarabes asquerosos que le suministra El Pulpo (como le cuida y que caras de suplicio pone el Gato cada vez que se toma uno). Fernando está casi dos días sin fumar un solo cigarro, y en la tienda me hace uno de los comentarios más jocosos de nuestra relación: «Jordi, dame un cigarro, porque llevo dos días sin fumar y sigo sin ver o sea que del tabaco no es».

Como tardamos un rato en empezar la firma me entregué a una vieja pasión que desde hace tiempo no practicaba: comprar discos. Me llevé un buen tajo: Presuntos, Nino Bravo, Miguel Bosé, Heaven 17, Johnny Hates Jazz. No tenían el último de los Planetas pero estaba al caer.

Tras otra impresionante ración de mollejas en la comida y una buena siesta, la tarde noche se presenta divertida. Por primera vez hacemos el «Heineken» ¿Recordáis la improvisación que hicimos en el bar del hotel de Alicante? De aquella noche a Jose le sale una idea que nuestros patrocinadores (Aguila) compran en seguida para su marca más exclusiva: Heineken. Se trata de reunirnos todos (Jungla más coros) en un bar de nivel, bonito y no muy grande. Nuestra presencia allí se anuncia sólo a través del mismo bar, nunca por la radio, con lo que la voz se extiende por la ciudad pero sin llegar a rebosar. Aquella noche fuimos al Malcolm House de Zamora. La idea era una larga improvisación de temas aprovechando a nuestras voces prodigiosas: Maite, María José, Paco, Fernando y –como no– Patricia. Todo con los teclados de Whopper y los dedos mágicos de Muñones, así de simple. El bar está hasta la bola y viene con nosotros Pepe Barroso (Don Algodón) Acaba de montar un sello discográfico y su primer artista –Ramón Madrid– ha venido para cantar con nosotros.

¡Qué bonito fue eso! Durante los últimos meses y a buen seguro en los próximos lo de los Shows es un animal que crece y se nos escapa de las manos. De pequeñas discotecas pasamos a macros, y de allí a teatros y auditorios. Luego te encuentras con pabellones de ocho mil personas hasta arriba y te acostumbras a llenarlos un fin de semana tras otro. Y aunque parezca mentira, todo este proceso ocurre ante tus ojos sin que prácticamente te des cuenta de nada. Por eso hacer la «Noche Heineken» en plan secreto y para pocos ojos y oídos te pone en tu sitio, te das cuenta de hasta dónde has llegado pero te hace recordar de dónde has salido. Es más, redescubres el placer del contacto directo, del tintineo de las copas de fondo, de oír cada palabra del público y poder saborear la reacción de la gente individualmente y no como colectivo. Eso es muy importante para un artista, y aunque nosotros no lo somos en el sentido estricto de la palabra, nos va muy bien para preparar cada paso que damos en los grandes escenarios.

La noche es –como dice Abellán– un derroche de Arte. Las canciones fluyen una tras otra y hasta las desafinadas del Pulpo se perciben mejor en sesiones como la de Malcolm House. La velada es un encanto tan sólo roto cuando voy al baño y me encuentro a Carlos Moreno que ha arrancado la puerta, «no cierra bien» me dice. Luego la noche continúa. Seguimos disfrutando de nuestros días en Zamora con la tranquilidad –inhabitual para nosotros– de saber que a la mañana siguiente no hay que madrugar, ni viajar, ni siquiera trabajar hasta la tarde. Lo que si recuerdo es que esa noche en Zamora yo me fui pronto a la cama. Mi instinto periodístico debe estar dotado de un sexto sentido que me hace retirarme cuando la noche se complica y así no me veo en la obligación de contar desmanes y desfases impropios de un personaje de la catadura moral que yo tengo ¿Está claro? Pues no puedo serlo más. Al día siguiente a todo el mundo le dolía la cabeza, incluso a Abellán (y mira que la tiene grande...la cabeza).

Sábado 16 de noviembre. «La Jungla a fuego lento». Zamora

Por fin llega el día. Nos levantamos con el tiempo justo para ir a comer. Bueno, de hecho yo me duermo pero gracias a Carlitos me zampo mi ración de mollejas (se preocupa de que nadie me las tocara). Durante la comida en el Parador de Zamora con toda la plana mayor de Cope y Cadena Cien cerramos el próximo bolo en Valencia a la vez que Paco Temprano (Coordinador de las fechas de la gira por parte de Cope) nos insiste en que cuando Rosana se vaya a las Américas hay que hacer show sin ella. Ya veremos.

Hace frío en Zamora. Tanto que a media tarde se pone a nevar. Estamos en la prueba de sonido y en los ventanales del Pabellón Ángel Nieto vemos la nieve caer. Toda la banda, coros y voces de La Jungla se pone a cantar el «navidad navidad dulce navidad». Comentario de Fernando al acabar: «no sé para que canto, si yo la nieve no la veo, igual me estáis engañando y yo aquí cantando como un gilipollas».

Con la gente de C100 León.

Al cabo de un rato llega Rosana. Está acatarrada pero tan loca como siempre aunque lo cierto es que lo apretadísimo del calendario que le preparan unos y otros empieza a afectarle en el cuerpo aunque –afortunadamente– no en el ánimo.

Desde que he pasado esos días en Castilla–León tengo una loca teoría que a muchos les escandalizará pero de la cual estoy totalmente convencido. El castellano y el catalán tiene un carácter muy parecido. Lo noto desde el primer día y lo confirmo en Zamora. Ambos parecen serios, adustos y reservados de entrada. Te reciben con cordialidad pero no con los brazos abiertos. Ahora bien, cuando descubren tu verdadera esencia e intenciones se convierten en los mejores aliados y/o amigos que puedas desear. Y toda esta teoría la corroboré durante «La Jungla A Fuego Lento» en Zamora. De entrada, las 6500 personas que llenaban el pabellón (el 10% de la población de la ciudad) nos parecieron frías. Pero a medida que el espectáculo avanzaba se fueron calentando y la última parte la dejamos para el recuerdo como una de las mejores que hayamos hecho nunca gracias a la participación de la peña. Igualito que el público catalán. Atento y frío al principio y entregado hasta el fin si el espectáculo le gusta.

Jose va perfilando mejor los monólogos, y deja de hacer el de las autonomías porque provocaba demasiadas reacciones en el público que le hacían encallarse. El striptease de Carlos va creciendo también: en Zamora se queda en calzoncillos (se quita hasta la camiseta por primera y única vez). Al final Jose hace subir al escenario a todos los que nos han cuidado y acogido durante esta larga semana en Castilla–León: Alberto y Verónica de Valladolid, Olga de Salamanca, Begoña de

Burgos y Belén de Zamora. Con ellos en el escenario Jose canta «Que será» más sentido que nunca. Siempre se pone tierno pero más en Castilla, su tierra.

Luego una cena rápida y casi todos se largan a Madrid. Nos quedamos Muñones y yo. Ah! También Whopper. Ante las insidiosas insinuaciones que pueblan La Jungla desde la noche que durmió fuera del hotel, su novia decide venir a Zamora con una amiga ¿Para controlar?

A esas alturas ya estoy loco con Zamora. La atmósfera que he respirado allí, el hacer de sus gentes y todo en general me ha dado una sensación de buen rollo que no olvidaré nunca. Para rematar la jugada esa noche es histórica. Los músicos de Rosana, Muñones y demás gente del equipo nos perdemos en una preciosa noche que empezó en el Utopía y se alargó por una ciudad que incluso cuando la caña está más desatada no pierde su punto de calma. Tengo la sensación de que durante estos días el tiempo no ha transcurrido igual en Zamora. Definitivamente, me he enamorado de esta ciudad.

Domingo 17 noviembre. Zamora–Madrid.

Para acabar de redondear esta preciosa semana, durante el viaje de vuelta en la furgo con German veo algo que me encanta: nieve.

Ese domingo lo paso con Abellán en su casa. Preparamos los créditos del disco de Carlos –todavía creíamos que llegábamos a tiempo para navidad– y vemos el fútbol (el Atlético de Madrid palmando no sé con quién).

Lunes 18 noviembre. Madrid (Renault Center)

Ya me vale. A estas alturas me doy cuenta de que llevo nueve días fuera de casa y –sobre todo– de mi trabajo en Barcelona. Para redondear la jugada nos aparece un nuevo programa en exterior, en el Renault Center de Madrid.

De ese día recuerdo que yo particularmente no estaba muy inspirado, no estaba en mi mejor momento, supongo que lleno de ganas de volver a casa (aunque el Pulpo diría que eso es normal en mí). De todos modos el programa resultó muy divertido. Recuerdo una nota que un oyente que estaba allí en el Renault Center le pasó a Abellán, decía:

«Por favor, llama a Carolina de parte del programa «Sorpresa, Sorpresa» porque es muy fan de José Manuel Soto. Llama antes de las 7'45 y si no está digitalízale el teléfono a su padre que tiene muy mala leche».

Y Abellán dice: «muy bien macho, así me gusta que me pidáis las bromas, dando todos los datos posibles. Pero perdona una cosa ¿A qué teléfono llamo?». A partir de aquel día empezamos una campaña para conseguir que todos los que llaman a La Jungla no se olviden de dejarnos el teléfono para hacer la broma. Pensaréis que es broma, pero hay muchos que día tras día se olvidan de ello.

Fernando no deja de sorprenderme. Si durante la semana de Castilla–León «Everybody's talking» fue su tema estrella, aquel día en el Renault Center de

Madrid me deja con la boca abierta al marcarse el «Long train running» cañero como pocos. Tremendo. Como tremendo fue el momento en que Abellán se acerca hacia la parte de la mesa en que estamos Fernando y yo y nos dice: «voy a hacer la publicidad del Corte Inglés, portaos bien que os conozco». No entendemos nada ¿Qué pasa con El Corte Inglés? Al cabo de un momento Abe empieza a leer y anuncia.... ¡¡Jerseys de Merino!! El griterío se vuelve ensordecedor. Luís Merino era por entonces el director de 40 Principales (por otro lado un buen amigo de Abellán y mío ya que trabajamos con él muchos años). Fer, Pulpo y yo nos levantamos y empezamos a confeccionar una línea de ropa: «Jerseis de Merino, y de regalo una chaqueta de Revert» (Rafael Revert es el directo de Cadena 100) «Y una camiseta de Pons» (Javier Pons lo era de M80) «Y unas gafas Dangelli», y así sucesivamente van apareciendo todos los directores y directivos de las cadenas musicales de este país. No me extraña que Abellán nos tuviera miedo.

Otra: justo detrás del escenario dónde estamos haciendo el programa aquel día hay un ascensor transparente que sube hasta la tercera planta dónde está el bar. Ya os lo podéis imaginar. A las 8,30 de la mañana todos, es decir, todos, nos metemos en ese ascensor (casi no cabemos) y nos vamos. La gente lo ve y no se lo puede ni creer. ¡Dejamos colgado a Abellán más de veinte minutos mientras tomábamos café arriba! ¿Es eso un programa líder en la radio española? Cuando bajamos Abellán nos mira con cara de «papi», como entendiendo las travesuras de «sus niños».

Por cierto en ese programa recibimos la ilustre visita de la siempre bien ponderada y jamás suficientemente alabada Doña Asunción, la madre del Pulpo. La verdad es que es un encanto de mujer. Yo tuve una ocurrencia que acabé pagando. Cuando se va pasa por detrás de la mesa dónde estamos haciendo el programa, es decir, la ve todo el público, y a mi no se me ocurre otra cosa que decir: «la mamá del Pulpoooooo». Atronadora ovación y doña Asunción haciéndome con la mano como que me va a dar «pal» pelo cuando pueda. Su hijo la vengó meses más tarde.

Es lunes, son las doce y por fin se acabó el periplo. Acaba el programa, cada uno se larga a su casa y yo al aeropuerto. La semana castellana ha sido larga pero intensa, emocionante incluso. Me voy contento en todos los aspectos: profesionalmente hemos subido el listón manteniendo la tensión durante todo una semana y perfeccionando un poco más esa difícil dualidad: hacer radio para oyentes y público en directo a la vez sin caer en el defecto de casi todos los programas, que se centran en los cientos de oyentes que tienen delante y se olvidan de los miles que escuchan en casa. También estoy contento personalmente: alguien tan arraigado y casero como yo ha llevado bien tantos días fuera de casa confirmando una vez más que esta panda de locos son mi segunda familia y que la convivencia no sólo no ha sido nada problemática sino que todavía me ha ligado más a ellos ¡Vaya panda de orcos!

Pero en mi fuero interno yo sigo preocupado. Ha salido todo tan bien, hemos llenado tanto en los programas que hemos hecho fuera que no puedo dejar de pensar que todo esto se va a acabar. Empiezo a ver la televisión como lo que siempre se ha dicho que es: un peligro para la radio. Cada noche, dos horas, mil cosas en las que pensar, un medio nuevo, la cabeza se descentra..... No sé quien dijo aquello de que: «la radio es la esposa y la tele la querida, la esposa nos da de comer y la querida nos da vida, pero la querida tarde o temprano nos acaba dejando en la estacada y la radio es la que nos vuelve a llevar al hogar, aunque si la hemos dado mucho la espalda puede que nos cierre la puerta en las narices y nos quedemos sin la una y sin la otra». Tengo miedo.

Martes 19 de noviembre

Es la noticia de la semana. Este domingo «La Jungla A Fuego Lento» en Valencia. Con prisas hemos tenido que retocar el calendario y adelantar el concierto en Valencia. Las entradas se ponen a la venta el Viernes 12 de noviembre. Se venden viernes, sábado y el lunes por la mañana ya están todas agotadas. Una locura.

Lo mismo ocurre con el programa. Se anuncia que el lunes estaremos en el CEU de Valencia y en cuestión de menos de una hora se agotan las invitaciones. Valencia entera nos ruega y suplica que hagamos doblete, es decir, un programa más y un show más. Pero es imposible. En esos días todos tenemos nuestros minutos comprometidos. Ya vendrán las Fallas.

Miércoles 20 de noviembre

En mi despacho de Barcelona. Recibo llamada de Abellán:

«Catalán no sé para que te llamo porque se lo que me vas a decir. Tengo una oferta de Tele Cinco para hacer un programa diario, de media hora y a las dos de la tarde.»

¡¡Era perfecto!! En todos los sentidos. La hora es la que mejor se adecua a nuestro ritmo de vida. Sólo es media hora de directo. Incluso no es una hora de riesgo. Si no funciona el programa tampoco pasa nada porque no estamos expuestos a los ojos y la dureza del «prime time». Esta si es una buena oportunidad para aprender y no empezar la casa por el tejado. Efectivamente Jose sabe mi respuesta y la suya: no a Telemadrid, si a Telecinco.

Viernes 22 de noviembre

Bonaventure, la empresa de vaqueros, toma una bonita iniciativa. Regala unos vaqueros nuevos a todos aquellos que traigan un par de viejos a la radio, Cadena 100 Madrid. La que se lía es histórica, y la cola llega y sobrepasa la Cibeles, teniendo en cuenta que la radio está en Valenzuela con Alfonso XI hablamos de más de cinco mil personas que hacen cola y la mayoría de las cuales tiene que volver a casa con los vaqueros viejos por mucho que se regalan más de mil nuevos.

Aquel día la revelación es Doménico (Dome). Agustín García (su auténtico nombre) es el responsable de las desconexiones de La Jungla para Madrid. En esos minutos es capaz de decir muchas cosas, si le dejan. Abellán y los demás tenemos la fea costumbre de empezar a hacerle preguntas sobre conciertos, fórums de la FNAC, dificultades de tráfico y localización de las mismas, lista de artistas para macrofestivales, etc, etc... De tal manera que el pobre chaval siempre acaba con la palabra en la boca cuando acaba la desconexión. No tiene tiempo de decirlo todo.

A pesar de todo ello nos quiere un montón (qué mal me supo no poder ir a su boda), y el día de los jeans coge un micrófono inalámbrico y se va a la calle para entrevistar a la gente. En un momento dado de la conexión Abellán le pide que hable con el director de Bonaventure. «No sé quién es» dice Dome. «Pues búscalo» replica Abellán. Y Dome empieza a gritar «¿Está aquí el director de Bonaventure?» varias veces hasta que aparece un señor de traje y corbata de muy buen humor que resulta ser el director de Bonaventure. Lo que sigue es una fantástica entrevista con preguntas del calibre: «Cuénteme algo de Bonaventure», «Y Bonaventure qué» y demás perlas que ya quedan para la legendaria historia y fonoteca del periodismo radiofónico como luego ratificó José María García a voces de «Dome, Dome, Dome».

Sábado 23 de noviembre. Valencia

Es una de mis rutas favoritas para hacer en coche. Barcelona–Valencia. La hice varias veces cuando –según El Pulpo– encadenaba discos y la hago por primera vez en la 100. Esa noche cenamos todos juntos. Todos menos uno El Pulpo. ¿No os he contado todavía cual fue la primera vez que Carlos apareció en un escenario? Como sabréis, Carlos lleva muchos años con Abellán. Desde los 14 está acompañándole. Empezó en los 40, pasó por Minuto, Onda Cero e incluso trabajó en una discoteca que Jose tuvo durante un tiempo en Madrid. Siempre a su lado, como un asistente personal aprendiendo constantemente. Llegó un día en que Carlos pasó a ser productor de La Jungla, su sueño dorado. Por entonces no era El Pulpo, pero ya cantaba igual de mal que ahora. Pero no intervenía en el programa ni en el show, aunque Abellán ya se metía con él por antena. Una vez, durante un Show en Bilbao, Abellán dijo: «os voy a presentar a alguien que jamás ha salido al escenario. Este es el productor de La Jungla, Carlos Moreno» Carlos salió sorprendido y contento, todos les aplaudían por primera vez. Pero Abellán siguió «Y he querido que le vieras para que os deis cuenta de que tengo razón siempre que me meto con su cara ¿Os habéis fijado que es tan ancha que parece el escudo del Barça?» El descojone por lo visto –yo no estaba– fue general y Carlos se fue del escenario maldiciendo a varios antepasados de Abellán por el camino ¡No ha llovido desde entonces!

Todo esto lo he contado porque ese día en Valencia más que el escudo del Barça la cara de Carlos parece el Camp Nou entero. Le pilla una alergia –le durará varios días– que le hincha la cara como un globo y tiene que irse a dormir. Antes sin embargo consigue hacer una de las suyas. Buscando el restaurante donde nos toca cenar coincide con otro coche dónde va una pareja mayor que busca el mismo local. La referencia que tienen los dos es que está al lado de un cuartel de la Guardia Civil. Pero cuando llegan al sitio y ven que hay como 40 coches de la Civil aparcados al lado Carlos les dice que sin reserva no podrán cenar porque todos esos coches están allí porque hay una cena de homenaje a la Benemérita y han cerrado el restaurante para ellos. La pareja se vuelve al centro de Valencia a buscar otro restaurante para cenar. Por cierto, toman como referencia un nombre que Carlos se inventó.

Carlos se va a dormir y se pierde la «Noche Heineken» en Vivir Sin Dormir. Aquel día tenemos dos debuts. Por un lado María José se atreve por primera vez con el «Forever More» de Puff Johnson –la borda– y además invitamos al escenario a otro buen amigo de La Jungla. Rafa Martín. Un tío que se merecía más suerte y atención con su primer disco y que lo demuestra aquel día.

Luego fuimos a un kareoke. Lástima de noche, yo creí que era mi oportunidad para cantar (yo creía que todos lo harían mal) pero resulta que en los kareokes hoy en día la gente se dedica a cantar bien y me dio mucho corte salir allí. Mejor para otra ocasión. El que si triunfa es Fernando que sale a cantar «Penélope» y le dice al disc–jokey: «No veo bien la letra, ponla más grande».

La noche es larga y acabamos a las cinco de la madrugada, esperando un taxi y con Fernando bien colocado cantando «Jungla B» con la letra de «Let it be» inspirándose en el luego famoso tema del grupo maño «Los Berzas». Por cierto, Fernando pone un gran colofón a esa noche batiendo todas sus marcas. Se presenta en el hotel a las 11,15 de la mañana.

Domingo 24 de noviembre. Valencia «A Fuego Lento»

Si hay algo que tenga como norma en mi vida es que las personas y sus cualidades están por encima de todas las demás cosas de la vida. Lo digo porque en esos días pude demostrárselo a muchos.

No quiero extenderme en este tema porque no merece la pena. Las radios de Valencia viven una guerra en esos días por culpa de nuestra llegada ya que –según dicen– algunos quieren negar que Rosana de un concierto con nosotros mientras otros luchan para que sepa que sí lo da. Estas cosas me afectan porque suelo tener amigos en todos los bandos (sobre todo en Valencia). Me duele y me gustaría que todo fuera como en Barcelona, dónde pude contar entre el público de nuestros shows a varios amigos de mi antigua casa, porque son mis amigos. Pero claro, no todo el mundo sabe distinguir entre las personas y las empresas. En el fondo los que así viven me dan un poco de pena, porque algún día se darán cuenta de que las empresas no son suyas, aunque entonces será demasiado tarde para ellos.

Tras zamparnos una buen paella vamos al pabellón. Nada más llegar nos encontramos con Rosana y Susana –su mánager personal– que nos dan de gorrazos y patadas. Esa misma semana Rosana dio sus dos primeros grandes conciertos en Madrid y en mitad de una de las canciones desde la cuarta fila se despliega una pancarta que dice: «Se nota, se siente La jungla está presente». Efectivamente éramos nosotros. Rosana tuvo que parar porque le dio la risa y la gente nos dedicó una gran ovación (mejor, porque yo creí que a lo mejor nos pegaban).

Tras repasar las cuentas pendientes empezamos nuestra prueba de sonido que aquel día es como un parto sin epidural. Larga y dolorosa. No se acababa nunca.

El show es un éxito desde la primera nota. El público está caliente y entregado. Fernando les canta con Patricia «Dentro de ti (Valencia)» e incluso se marca el detalle y el «América» de Nino Bravo lo canta cambiando América por Valencia. Al final de la primera parte del concierto lanzamos como siempre el «¿Quién coño es Alice?», pero aquel día algo falla. Una de dos, o el CD no funciona bien o tendrá razón Abellán cuando califica a Muñones como el peor técnico del mundo. Al final Whopper la acaba tocando al piano y el Pulpo cantándola en «su» inglés.

Acabando el Show, una vez más, Abellán me saca al escenario. Como cada noche yo le digo que no lo haga. A mi eso me da como miedo, me corto mucho y no sirvo para ello. Pero él se obstina y me saca una y otra vez. Saludo, digo una media tontería (casi no soy capaz ni de articular palabra cuando veo a tanta gente mirándome las gafas) y me pongo en segunda fila mientras el concierto entra ya en su fase final. Pero Valencia no podía dejarme sin una sorpresa. Me la guardaban y me la dieron bien buena. Acaba el concierto, saludamos desde primera fila, y justo cuando empezamos a retirarnos nos damos cuenta de que la gente está coreando algo que no es habitual: «Qué cante el Catalán». Mira, a mi me da algo. Son unas décimas de segundo pero recuerdo perfectamente la cara que ponen todos: Whopper y Patricia de sorpresa y alegría (siempre me han dicho que debería cantar porque no lo hago mal) y Carlos y Fernando ponen cara de «aquí te hemos pillado» y los dos me cogen uno de cada brazo. Me veo morir. Yo, que soy incapaz de cantarle una canción ni a mi mujer cuando estamos solos porque me da vergüenza, ¿voy a tener que cantar delante de 8000 valencianos? Pero cuando todo parece perdido aparece la mano salvadora de Jose, me mira con sonrisa cómplice y me dice: «te voy a hacer un favor, vámonos». La camisa me vuelve a llegar al cuerpo, dejo de tener sudores fríos, vuelvo a tragar saliva y ya no tengo ganas de ir a mojinar. El susto ha sido histórico.

Lunes 25 de noviembre. Valencia-CEU

Nos metimos en la cama algo así como a las dos de la mañana. Y a las cinco volvíamos a estar de pie. Era lunes y teníamos que hacer el programa en el CEU de Valencia. La sala era pequeña y habilitaron televisores por todas las Facultades.

De aquel programa guardo muy buen recuerdo por una cosa: jamás había llegado tan dormido a un lugar y me había despertado tan rápido con el «speed» de la gente.

¡Ah! Y en el CEU se acuña otra frase mítica en el vocabulario de La Jungla B: «Síndrome Valencia». Ya os decía que a Fernando no le tratamos como un ciego, pero eso a veces tiene sus desventajas. En concreto conmigo. Siempre que llevo un rato con él me olvido de guiarle cuando caminamos juntos. Total, que en el CEU vamos al baño y al salir tenemos que bajar unas escaleras bastante empinadas. Como podéis suponer se me olvidó avisarle.... Le cogí por el cuello cuando ya se iba para abajo. Como sea que me ha vuelto a ocurrir varias veces, en cada ocasión en que la estabilidad corporal de Fernando corre peligro hablamos del «Síndrome Valencia». Ya lo dice él: «cuando ande contigo cada diez pasos tendré que recordarte que soy ciego».

Jueves 28 de noviembre

La Jungla vuelve a Barcelona. Esta vez el motivo es la inauguración de la primera tienda de FNAC en la ciudad. Les llevo a comer al Morriña (luego lugar habitual de nuestras comilonas en Barna). Yo ya les avisé antes: «por favor, hacernos un reservado que estos no son como los habituales invitados que lleva la Cope». No me hicieron caso. De entrada siete orcos sentados en una mesa y ocho móviles juntos en un rincón (Carlos le dijo a un camarero «por favor, váyalos cargando»). Gritos, carreras y algún que otro improperio. Os hablo de un salón donde te das codo con codo con la mesa de al lado. Y de golpe y porrazo: ¡¡¡¡¡¡¡Pummmmmmmmm!!!!!!!!!!. Una tremenda explosión. Vienen los camareros, la gente se levanta de sus sillas, todos se quedan en silencio y de golpe y porrazo una voz dice: «Pulpo, me cago en toda tu puta vida» Esa es la expresión más soez y el insulto más grave que forma parte del vocabulario de ... Fernando. El Pulpo le había metido ¡¡Doce Petardos!! en el cigarro. «Mamón, a mi no tiene mérito, es como jugar a fútbol con once y el rival con cinco». No sé que debió pensar el resto del salón de un grupo que se dedicaba a ponerle petardos en el cigarrillo a un ciego.

Otro que es la bomba es Whopper. Es buena persona hasta romperse, pero hay una cualidad que no posee. No sabe cuando tiene qué hablar ni sabe cuando tiene qué callar. Ejemplos hay muchos que me guardo, pero uno le ocurre en Barcelona. Todos me llaman «el catalán», porque cierto es que los catalanes tenemos una personalidad propia tan marcada que te define en muchos lugares. Pero bueno, yo me lo tomo como algo cariñoso. Me puedes llamar catalán en muchas partes y no pasa nada. Pero lo que no puedes hacer es que estés en Barcelona, venga el camarero con un plato y le digas «esto es para el catalán». El camarero no sabe como mirarle y yo le digo: «Whopper, aquí todos somos catalanes hijo» y se pone rojo como un tomate. Es más majo.

Les dejo en el hotel y por la tarde viene Abellán. Esa noche se inaugura la FNAC y allí vamos después de cenar. La fiesta está llena de famosos, uno de los más sorprendentes: Alfredo Pérez Rubalcaba, ex-portavoz del Gobierno y que reconoce ser oyente de La Jungla. Durante la fiesta también nos rencontaremos con dos viejas amigas: Marta y Marilia, Ella Baila Sola. Ellas también fueron lanzadas al estrellato desde La Jungla y en sus inicios estuvieron mucho con nosotros: vinieron a algunos programas y también a un par de shows. Recuerdo que en Córdoba se subieron por primera vez a un escenario ante tanta gente y al bajar me dijeron: «acabamos de decidir que queremos dedicarnos a esto». Pero una vez más la historia es cruel, pese a la amistad que nos une Marta y Marilia han dejado de venir a vernos, alguien les ha dicho: «Si queréis que os pongamos los discos no piséis la Jungla para nada» (ladran, luego cabalgamos). Así son las cosas, las empresas siempre por encima de las personas, incluso de los artistas.

Esa noche se hace larga. German, yo y mi gente de Cadena 100 Barcelona (Guindo, Arté y Narcís) estamos montando toda la noche y no dormimos.

Viernes 29 de noviembre

El programa es un éxito una vez más. Barcelona y La Jungla han conectado para siempre (y pensar que hace un año este programa tenía unos número ridículos aquí). La entradas (que se agotaron a las pocas horas) dan acceso al programa hasta las diez. A partir de las diez la FNAC–Barcelona queda inaugurada oficialmente y aquello se pone hasta arriba de gente. Aquel día nos visita Sergi Barjuán, lateral izquierdo del Barça, cachondo como pocos y fan del Pulpo (dice que no se va hasta que el Pulpo cante). A todo eso el dire de la 100, Mister Revert (conocido merengue), me ha escondido mi camiseta azulgrana (la que pone 100 y mi nombre) y no me la da hasta las once.

Al acabar se van todos a la carrera. La oferta de Tele Cinco se ha cerrado y pronto empezará un nuevo programa «Vuelta Y Vuelta». Aunque no sea tan absorbente como el que íbamos a hacer en Telemadrid, la mosca sigue detrás de mi oreja ¿Cómo afectará el ritmo de un programa de televisión diario a la frescura y comunicación de nuestro programa de radio? El mes de diciembre se presenta trepidante y peligroso.

DICIEMBRE 1996

Tal vez puertas afuera éste fue un mes tranquilo. Las salidas escasearon y los conciertos también. Pero por dentro fue sencillamente el más frenético de los que habíamos vivido hasta entonces. Y todo tenía un horizonte: 26 de diciembre de 1996. Ese era el día para empezar la aventura en Telecinco con «Vuelta Y Vuelta». Reuniones, programas piloto, reportajes. No me imaginé nunca que fuera tan complicado hacer un programa de televisión. Son horas y horas agotadoras para un equipo humano que no duerme y sólo trabaja.

Nos hemos acostumbrado a vivir contrareloj, y eso a veces es malo. Por culpa de la acumulación de trabajo, de viajes y de tensión, nos damos cuenta de que hemos llegado tarde. Es materialmente imposible que el disco del Pulpo esté en las tiendas antes de las Navidades que es la fecha que nos habíamos marcado como clave para el lanzamiento. Ante ello decidimos aparcarlo para el próximo verano, coincidiendo con el final de curso.

Miércoles 11 de diciembre:

Ese era el día de las «notas». Las «notas» en radio son los estudios de audiencia que cada tres meses realiza el Estudio General De Medios. Si os digo la verdad, nadie en el mundo de la radio os hablará muy bien de estos estudios. Su margen de error es mucho más alto que el de las televisiones y su metodología no te permiten creértelos al cien por cien. Pero hasta ahora es el único inidicador que tenemos para trabajar. De hecho, los que entienden lo analizan «acumulando», es decir, tomando en cuenta las tendencia anuales. No se trata tanto de los números que saques cada tres meses, sino del total del año comparándolo con los años anteriores, esto te marca las tendencias.

Desde hace años Cadena 100 y La Jungla obtiene buenos resultados. Es decir, siempre crece algo. Pero todos tenían una espina clavada: Barcelona. La tendencia de los Estudios situaban la emisora de Barcelona en unos márgenes que oscilaban entre 30.000 y 40.000 oyentes. Un cifra ridícula aún considerando que la competencia en Catalunya es mucho más fuerte y numerosa. En los últimos meses Cadena 100 Barcelona ya había consolidado una tendencia alcista (78.000 y 66.000 oyentes) pero aquel 11 de diciembre nos salieron unos números espectaculares: 132.000 oyentes. No se trata tanto del número exacto, sino de la confirmación de que esa emisora se consolidaba en una franja alta por primera vez en cinco años de historia y de que «La Jungla» también era un programa de gran seguimiento en Catalunya (como se demostró en El Poble Espanyol y se demostrará en la posterior Semana Catalana).

El Pulpo, en Oviedo.

Domingo 15 de diciembre

Aquel domingo comemos con Rosana en Madrid. Una vez más una cita que nos autoimponemos todos para no perder el contacto que hace de nuestra relación algo especial. Risas, bromas e incluso «putadas» (la misma Rosana le colocó varios petardos en el cigarrillo a Fernando). Y un regalo que Rosana deja caer en la mesa: un CD single que incluye «En Navidad» una canción grabada en directo en los conciertos que dio en el Palacio De Exposiciones de Madrid. Una canción que marca y define el estilo de Rosana: simple, directo, melodía pero con una gran carga humana dentro. Al día siguiente, a las siete de la mañana empezamos a radiarlo y la bomba se desata. Faxes, llamadas, peticiones personales. Todos quieren tener la copia de un tema que se va a convertir en el villancico más escuchado esas Navidades sin haber salido a la venta ¿Por qué? Porque Rosana sabe transmitir lo que queremos escuchar: felicidad.

Miércoles 18 de diciembre:

Se aumenta la velocidad y se graba el primer piloto de «Vuelta Y Vuelta». Whopper pone las músicas, Alfredo Díaz y Carlos las aportaciones en el estudio, Fernando se convierte en la omnipresente «voz en off» y Abellán se reencuentra con su vieja amiga: la cámara. Recuerdo que ese primer día ya marcaba la locura que se nos venía encima. A las siete programa de radio. A las once a la tele. A la una piloto. A las dos nos vamos a una comida de empresa en la que José Antonio Abellán por primera vez en su vida come uno de sus alimentos más odiados: sopa (por eso le llamamos el Mafaldo). Al acabar la comida, vuelta a la tele a grabar un segundo piloto y analizarlo todo. Total, llegamos a casa pasadas las once de la noche. No es normal.

Viernes 20 de diciembre. Oviedo

Ese día yo hago el programa. Nos visitan el estudio otro de los grupos favoritos de Carlos: Raya Real. Durante el programa nos llama Abellán que se va hacia la tele. Hoy tiene una rueda de prensa en la que se presenta «Vuelta Y Vuelta». Desde la radio le anticipamos las preguntas que le van a caer:

¿Qué diferencias hay entre la radio y la televisión?

¿Crees que la televisión puede afectar al programa de radio?

¿Cual de los dos medios te gusta más?

Con Rosana («En Navidad»).

Y así hasta diez preguntas que –con el paso del tiempo– confirmamos que son las que siempre nos pregunta cuando hablamos de la tele.

A las 12 del mediodía, una vez acabado el programa, nos subimos a una furgoneta. María Jesús –la productora, los coros (Paco, Maite y María José), Patricia, Muñones y yo. Vamos a Oviedo y German conduce con lo cual se acrecienta nuestro temor a que acabaremos comiendo en San Sebastián.

El viaje es precioso (el norte me puede) y es un lujo viajar con los coros. Te van cantando durante todo el camino. Es como si llevaras una juke box en lugar de un radio casete.

Durante el trayecto me llama Carlos. Acaba de leer el borrador de los primeros capítulos de libro y está emocionado. A veces creo que Carlos es el más fan de La Jungla de todos nosotros. La vive como si fuere oyente, se graba los programas, selecciona los mejores momentos, los recuerda, los revive una y otra vez. Por eso me gustó que le gustara. Hasta el punto que se pasó todo el viaje a Oviedo leyéndoselo a Fernando.

Seguramente de todos los lugares dónde hemos estado esta año Oviedo fue el que menos pudimos vivir, una lástima .Llegamos bien entrada la tarde, sin tiempo siquiera de acercarnos al hotel. Vamos directamente al Pabellón dónde nos quedamos impresionados. Es muy bonito pero tiene más rebote que Michael Jordan. Cuando se da un guitarrazo en el escenario se oye por todo el pabellón con un retraso impresionante. Vamos, que prácticamente cuando empezamos el concierto todavía se está oyendo el rebote de las pruebas de sonido.

Al cabo de un rato llega Abellán con Whopper, Pulpo y Fernando. El ciego llega gritando. El coche de Jose tiene un dispositivo por el que los asientos se calientan, y Carlitos se ha pasado el viaje poniendo el asiento de Fernando a 120 grados con lo que tenía que ir con el culo levantado para no quemarse y gritando «¡¡Chernobyl!!». Pero eso no fue todo. Al cabo de un rato Fer se mete en la ducha en el vestuario. Estamos en pleno invierno y las calderas van a tope. Yo creo que todos los pollos de Oviedo los despluman en esas duchas porque más que agua de allí salía vapor ¡Qué calor! Fernando se ducha entre gritos de «¡Chernobyl!, esto es Chernobyl! ¡Me quemo, me voy a quedar ciego!». En el vestuario, Muñones y yo le animamos: «Digitaliza la ducha Fernando» «Marca el nueve». Por cierto, aquella fue la primera vez que vi a Fernando en pelotas. Inolvidable experiencia. Desde entonces le llamamos «bola de sebo». Yo creo que en realidad está más gordo que Whopper, lo que ocurre es que Whopper tiene la grasa floja y Fer la tiene más compacta. Pero en cuanto a volumen, creo que gana Fernando.

Aquel es el último «A Fuego Lento» que hacemos antes de Navidad. Al final de la parte de Rosana salimos todos al escenario y cantamos «En Navidad». El pabellón –lleno– ya se sabe la canción de memoria como se la sabe toda España. Con Rosana hablamos de cara a que el año que viene se grabe el villancico algo mejor en un estudio y se ponga a la venta. La gente se lo merece.

Tras el show vamos a cenar a una sidrería. Compartimos mesa con uno de los mayores Jungleros de Asturias: Leonardo José Verdín Bouza, portavoz del Partido

Popular en el Parlamento Asturiano. ¡Qué tío más simpático! Está en la mesa con su mujer y unos amigos que alucinan con las perrerías que le hace Carlos a Fernando. Le da la comida mezclada (morcillas con sardinas), cerveza y agua en un vaso de chupito del que ha sacado el orujo. Cuando estamos tomando café uno de los comensales le pregunta al Pulpo qué gente de Tele Cinco está en el programa con nosotros, porque él conoce a algunos. Carlos empieza a darle nombres de técnicos de Cope en Madrid, y el otro va diciendo «Ah si, Merayo, me suena».

Sábado 21 de diciembre

Entenderéis que tras un día como el de hoy nos fuéramos rápidamente a la cama, aunque no sé si realmente nos metimos en ella porque a las ocho de la mañana cogíamos un avión, yo a Barcelona y el resto a Madrid. Camino del aeropuerto (por cierto, qué mal colocado está el aeropuerto en Asturias) Carlitos repasa todas las preguntas habituales cuando viajamos a una ciudad sin mar:

«¿Dónde queda el paseo marítimo?»

«¿Llegan muchos barcos de carga a Oviedo?»

El taxista dice: «Pues yo creía que erais los de La Jungla» «No, dimos anoche una conferencia, venimos de Sanchidrián ¿Qué es La Jungla?»

Nos encontramos en el aeropuerto y nuestros vuelos embarcan a la vez. Entre los pasajeros están los chavales del Sporting B que van perfectamente uniformados. Fer-

«La Jungla A Fuego Lento» (Oviedo).

nando se queda mirándoles y les va diciendo «¿Y esos uniformes?» «¿Y esos escudos?» Todo se lo va chivando el Pulpo y los jugadores se quedan con la boca abierta viendo como un ciego se mete con su ropa, no se atreven a decirle nada.

Se acerca un fan a Jose. «¿Tu eres Abellán?» Y Jose dice: «No, es ese» señalándome a mi. Yo le digo «No hagas caso, Guillermo siempre está de broma, yo soy Juan Luís de Gomaespuma, Abellán no ha venido pero esa es su mujer». Mara –la mujer de Jose– le acaba firmando un autógrafo al fan que finalmente también consiguió el de Abellán.

Al cabo de tres horas llego a Barcelona dispuesto a disfrutar de un fin de semana casi entero con mi familia. Llego a las diez y a las dos suena el teléfono: «Catalán ¿Quieres salir en la tele?». Es Abellán y yo me temo un sensa. «Que sí, que me lo ha dicho Carlotti, que nos han estado escuchando en radio y creen que tu también tienes que estar» «Pero Jose ¿Con esta cara? ¿Con estos piños?». Todavía se ríe mi mujer.

Javi Llano, el pelao de Bilbao.

Domingo 22 de diciembre

Muy pronto en la mañana cojo el primer puente aéreo a Madrid. Abellán me hace ir a la tele para que vea la grabación de un piloto y trate de encontrar un sitio en el plató. Desde hace días Alfredo Díaz me insiste en que yo debería salir. Vamos a ver, aunque yo no lo veo muy claro, porque aunque no lo creáis servidor es muy tímido cuando tiene gente delante.

¡Qué lástima de viaje! Porque justo al estar en el avión me perdí una de las más históricas de Carlos Moreno, El Pulpo De Mirasierra. El 22 de diciembre fue el día de la lotería.

La idea surgió en 1995 y la tendría que haber realizado un

colaborador que entonces estaba con La Jungla y finalmente no se atrevió. Se trataba de que gritar «lo tengo, lo tengo» en el momento en que saliera el gordo. Esa idea la recuperamos en 1996 con un agravante: en el salón de lotería habría varias cámaras del programa grabándolo todo y además a Carlitos se le coloca un micrófono que grabe todo lo que dice. El sorteo empieza y todo el equipo lo sigue con el rabillo del ojo mientras va trabajando. Un número, otro, un premio, otro. «No se atreverá» dice alguien. «Si» dice Jose.

Finalmente, a las diez y pico llega el momento: ¡¡Sale el Gordo!! ¿Se atreverá? De entrada parece que no, la cámara se fija en los niños de San Ildefonso y parece que toda va bien. De golpe parece oírse un grito a lo lejos e incluso la niña que ha cantado el gordo le hace una señal a su compañero. ¡Aquello fue Troya! Carlitos se levanta gritando «Mío, mío. Lo tengo». La televisión le enfoca: «Hay un ganador en la sala» Iñaki Gabilondo en el S.E.R. hace callar a todos los colaboradores «¡Silencio! Dejadnos escuchar a ese ganador». Entonces fue cuando una masa inhumana de gente se abalanzan sobre Carlos. Decenas de micrófonos, grabadoras, cámaras de televisión y fotográficas se echan encima de él. Aunque la situación no es muy agradable Carlos no se acobarda y va diciendo: «las anchoas, las anchoas». Nadie entiende nada. «Deber ser alguna clave» dicen en televisión. Eleonor Arraki, vidente de Gabilondo en la S.E.R. barre para casa: «Ya dije yo hace días que soñar con anchoas traía suerte, ese chico debe ser oyente nuestro». La masa de periodistas alrededor de Carlos hace que el equipo de seguridad le rodee y le lleve hacia una habitación, aunque el consigue escaparse de todos e irse a la calle dónde coge un taxi. Los periodistas le persiguen hasta el semáforo: «las anchoas, las anchoas» sigue repitiendo Carlos. Inmenso.

Al cabo de unos minutos, la verdad se sabe. La gente de Cope y Tele Cinco hace saber a todos los medios que se trataba de una broma, y acto seguido ya se ve quién sabe entenderla y quién no. Gabilondo en la S.E.R. la califica como «un acto gracioso y nada exento de una buena dosis de imaginación». En cambio el cantante Tate Montoya comentarista (que no periodista) en TVE dice «por lo visto era un pesonajillo al que llaman Pulpo pero deberían llamarle Ganso porque nos ha hecho perder el tiempo a los que honradamente hemos venido hasta aquí para informarles rigurosamente». Mal debe estar este nuestro oficio periodístico si nuestros portavoces gremiales tienen que ser tonadilleros de mayor o menor fortuna. En fin. Ya veremos que dice la prensa mañana.

Por la tarde estamos en casa de Jose. Todavía nos duele el cuerpo de tanto reírnos. Le damos vueltas a la propuesta de Jose para que yo entre en el programa. Todos están de acuerdo pero se plantea un problema. ¿Cómo voy a estar cada día en un plató televisivo en Madrid si se supone que trabajo en Barcelona? Además, tampoco veo claro qué puedo hacer en ese plató. La propuesta es otra (no os la voy a contar para que no me la piséis cuando seáis famosos y hagáis televisión) pero tiene un tema técnico que hay que resolver. Debería entrar cada día en directo desde Barcelona. A todos les encanta la idea y se pondrán manos a la obra.

Lunes 23. «El día después»

Llego a la radio a las seis de la mañana. Aquella semana La Jungla la hacemos Whopper, Patricia, Dome y yo. Empezamos a repasar la prensa y las diferentes reacciones a la movida de El Pulpo en el Salón de Lotería.

El País nos dedica unas palabras preciosas, al igual que El Mundo. Los dos parecen haber entendido perfectamente que se trata de una pequeña broma que no hace daño a nadie. En cambio ABC nos da un buen palo hasta el punto de dedicarnos la editorial del día acusándonos de añadir un capítulo más a la «tele basura» imperante en ese momento. Sobre opiniones... La prensa en Barcelona no hace comentarios valorativos ni para bien ni para mal, aunque La Vanguardia afirma que el protagonista de la broma fue «El Pulpo, un personaje famoso por su trabajo en la emisora M80» A ver si al final resultará que el que encadena discos es Carlos.

Jueves 26. Empieza «Vuelta Y Vuelta»

Supongo que para todos fueron unas Navidades nerviosas. A las 14 horas el careto del Chuletón de Ávila aparece por primera vez en Tele Cinco, aunque estaba del revés. Recuerdo su primera frase: «Yo de esto no entiendo mucho». Aunque se trataba de una broma no la hicimos porque si. Quisimos dejar claro de entrada cual era nuestra intención al abordar ese proyecto: aprender. La televisión de los 90 era un mundo desconocido para nosotros y habíamos decidido ponernos en manos de un grupo de gente que nos inspiró confianza para desarrollar un modesto y breve programa televisivo de contenido frugal, blanco e inofensivo para aprender las virtudes, defectos y posibilidades del equipo de La Jungla en ese proyecto y en ese medio.

El primer programa se cierra con las imágenes de «A Fuego Lento» en Oviedo. Todo el equipo sale cantando con Rosana. Hay un plano muy «B». Fernando y yo bailando y mientras todos cantan nos vamos diciendo cosas al oído. Si nos habéis visto en algún concierto o en algún programa veréis que habitualmente estamos juntos y vamos hablándonos a la oreja ¿Qué nos decimos? Si algún día se publican esas conversaciones acabamos los dos fuera de España, pero entre otras muchas cosas nos dedicamos a cambiar la letra a todas las canciones para adaptarlas a La Jungla B (el feo y el que no ve).

Desde ese jueves 26 y en adelante la tele va discurriendo. Con algunos momentos buenos y otros no tan buenos, como cuando Tele Cinco nos dice que es técnicamente imposible (por motivos varios) que yo entre en directo desde Barcelona. Decidimos dejar mi parte para más adelante (finalmente no la haremos) porque además resulta demasiado cara y no está el horno para bollos. «Vuelta Y Vuela» es un programa diario con todo lo que ello implica: mucho trabajo, mucho plató, muchas grabaciones, muchas ediciones, muchos temas, muchas necesidades de guión. El ritmo del programa es ágil y pasa fácil, pero para ello hay que trabajar muy duro y ser muy brillante muchas veces al día. Es duro y quema mucho.

Martes 31 de diciembre

Me llama Fernando para desearme «Feliz NoBEnta y siete, Año B». Luego Carlos habla con mi hijo «Hola Tulpo».

Nos vamos llamando todos. Algunos no, pero para nosotros empieza el primer año de Jungla (Fernando y yo). Por mucho que trates de evitarlo en días como esos no tienes otro remedio que hacer balance y aunque me sale muy positivo en mi interior sigue habiendo una voz que me dice que la tele nos puede hacer más mal que bien. ¿Aguantaremos el tirón? ¿Soportaremos la tensión? ¿Qué pasará cuando vuelva el ritmo frenético de shows? ¿Nunca volveremos a hacer programas fuera?

Feliz año Jungla.

ENERO 1997

Aquella primera semana del año el equipo de La Jungla sigue partido. Los que trabajamos en Diciembre tenemos vacaciones, mientras la tele va avanzando. En esos días parece claro que el problema técnico que impide que yo entre desde Barcelona para «Vuelta Y Vuelta» será insalvable por el momento.

Jueves 2 de Enero. «Miguel se va»

Este va a ser uno de los días más tristes en la historia del deporte español. Miguel Induráin convoca a la prensa para comunicar su decisión, es decir, si sigue corriendo con Banesto, con la ONCE o se retira –que en ese momento parece lo más improbable. Pero el temor a la retirada del gran «Miguelón» nos hace montar una de nuestras acciones favoritas: movilizar a la audiencia. Rudy Goroskieta (coordinador de Cadena 100 en Pamplona) nos facilita el número de fax de la emisora para que desde toda España se le hagan llegar faxes a Miguel para que no se retire. Al cabo de unos minutos nos llama la directora del Hotel dónde Miguel va a dar la conferencia de prensa y nos facilita el fax directo del hotel. Al cabo de la mañana, varios miles de faxes han llegado a Pamplona desde toda España pidiéndole a Induráin que no se retire. Todos sabemos que si la decisión de Miguelón es dejarlo –que así será– la tendrá lo suficientemente bien meditada como para que no dependa de nuestros faxes, pero como mínimo gracias a ellos tendrá en su casa de Villaba una carpeta llena de papeles que le reflejan lo mucho que le quiere y admira un montón de gente (repito que son varios miles de faxes), porque –aunque os parezca mentira– esa gente que está tan arriba suele vivir rodeada de un grupo reducido de personas que las aíslan del resto del mundo para facilitar su concentración. Estoy seguro que desde ese día y desde el momento en que Rudy le entregó los faxes de los oyentes de La Jungla, Miguel Induráin se ha dado *realmente* cuenta de lo que ha significado para varias generaciones de españoles.

Miércoles 8. La B va a Lleida.
Y Ruiz Mateos se da una «Vuelta y Vuelta» por los juzgados

Por fin la gira más importante del momento: «La Jungla A Fuego Lento» llega a mi tierra: Catalunya. Será el 25 de enero. Pero para caldear un poco el ambiente y

Se le fue la mano.

ayudar a mis compañeros de Cope Lleida voy a esa ciudad a pasar un par de días en los que hago La Jungla desde allí.

Justificando mi existencia B, mi visita a Lleida tiene otros motivos que cuento durante el programa:

B1) Parar en plena autopista para recoger con mis propias manos 35 kilos de «calçots» que me dejan las uñas negras y llenas de tierra. Los «calçots» son una especie de bulbo similares a una cebolla tierna muy típicos de la zona en esta temporada y que se comen a la brasa con una salsa riquísima a base de almendras. Los de «La Jungla» lo probaron en su anterior visita a Lleida y se que esperan con mucha ilusión nuestro regreso a esas tierras para comerlos.

B2) Visita a bodegas para pisar uva para así cerciorarme de que el vino sea de calidad. Total, uñas de las manos negras de la tierra, uñas de los pies rojas de la uva. ¡Qué B!

B3) Hablar con los responsables del Hotel. Como esta edición de «La Jungla A Fuego Lento» se celebra en Catalunya me encargo de pasar el listado de exigencias que «las estrellas de la A» exigen en sus habitaciones para así evitar un mal trago a los compañero de Lleida a los cuales se les puede caer la cara de vergüenza ante tan extrañas peticiones. A saber:

Habitación José Antonio Abellán:

1.Dos termos de café comprado en Zaragoza.

2. Un ordenador con Windows 95 que no arranque bien para así formatear el disco duro a base de borrarlo entero. (curiosa técnica informática jamás conocida hasta la fecha que le ha merecido a Abellán el sobrenombre de «Bill Gates de Las Rozas»).

3. Un espejo para ensayar sensacionalismos. Imprescindible que en el espejo se pinten varias orejas como si le estuvieran escuchando abundantes contertulios.

Habitación Carlos Moreno, El Pulpo De Mirasierra:

1. Un bombo para jugar el solito a la lotería.

2. Un kilo de anchoas.

3. Muchos flashes y micrófonos para cuando empieza a gritar «lo tengo, lo tengo».

4. Pegatinas «gigantes» con el escudo del F.C. Barcelona para pegar en todos los espejos de su habitación en la zona que reflejaría su cara.

Habitación de Patricia Fernández:

1. Piscina con whisky con importante servicio de hielo

2. Un repetidor de Airtel exclusivo de batería autogestionable con capacidad de 200 líneas (promedio de una llamada cada cuatro minutos para comunicar a sus seres queridos y lejanos hechos tales como «he abierto el grifo» o «escucha como cambio los canales»)

Nota: tengo claro cuando salimos de bolo que el marido de Patricia («El Pelujón») está deseando que ella vuelva, básicamente para que no le llame treinta veces al día.

Habitación de Óscar Blanco (Whopper):

1. Sorprendentemente no pide comida, tan sólo una copia del libro «Catálogo básico de excusas para cuando te pilan de marrón y lo cuentan por la radio». de Antonio Martín Prieto (el tertuliano de Luís Del Olmo que se dijo por antena que había sido secuestrado por ETA y lo fue por una terrorista de 90–60–90 y rubia por más señas).

Habitación de Fernando Echeverría (Gato):

1. Un gato

2. Un armario para meterse dentro

3. Cuatro kilo de medicinas para ensayar caras raras

4. Una caja de cd's de La Jungla (contacto: Omni) para firmar a primera hora de la mañana.

5. Las peticiones de la habitación de Don Fernando Echeverría se hacen para guardar las formas, pero en ningún caso son de obligado cumplimiento dada su condición de componente de la llamada «Jungla B».

Mientras todo esto ocurre en las bonitas tierras de Lleida, la maquinaria imparable de ese macro espacio televisivo y referente mediático llamado «Vuelta Y Vuelta» que sólo era superado en los «shares» de audiencia por un monstruo de la comunicación como «SuperRatón», sigue su curso en constante provocación.

Aquel mismo día El Pulpo y Fernando dejan el programa unos minutos antes, una vez más ante mi enfado kilométrico («estoy harto de la teleee» «lo que nos da de comer es la radio» grito yo cual Doña Rogelia a las prominentes orejas del director de La Jungla). De todos modos, la idea es cachonda. Aquella misma mañana comparece ante el juez –o debe hacerlo– el insigne José María Ruiz Mateos, el autoproclamado Salvador de La Justicia En España (alguien debería decirle que nosotros ya nos salvamos solos).

Vitoria A Fuego Lento.

El caso es que se espera algún numerito de Ruiz Mateos en los juzgados aquel día en Madrid y por ello representantes de toda la prensa se apostan él la puerta de los tribunales esperando al gran Salvador. Pero, hete aquí que éste no llega, la comparecencia es anulada por motivos de salud y don Ruiz si quiera se acerca allí. Bueno, eso lo sabemos nosotros, porque durante alguna horas varios medios de comunicación si dan como noticia que una gran limusine de la cual emerge un megáfono reproduce una y otra vez gritos varios de Don Ruiz Mateos que se encuentra dentro tales como «jueces, rendíos» y demás. Muchos dieron por hecho que José María va en ese coche, otros creyeron que tal vez es una grabación y un montaje realizado por sus colaboradores. Sea como fuere, esa limusine aparece en todos los informativos de las 15 horas e incluso en los de la noche, amen de todas las ediciones nacionales de la prensa más importante al día siguiente. Aquel día nos damos cuenta de que algo no funciona en «Vuelta y Vuelta». Porque nosotros mismos, a las 14 horas y algunos minutos desvelamos el engaño: dentro de esa limusine viajan El Pulpo y Fernando que son los que lanzan los gritos del falso Ruiz Mateos. Es decir, nuestro poder comunicador es tan nulo entre los profesionales del medio que los telediarios hablan de la limusine a pesar de que nosotros ya habíamos mostrado las imágenes de la trampa ¡¡Incluso los informativos de Tele Cinco!! ¡¡¡¡Qué B!!!!!

Nota: Nótese que soy bien pensado y no extraigo de esta historia una conclusión que me ronda la cabeza desde mis tiempos de facultad. Los periodistas por norma general tendemos a sacar las informaciones de unos circuitos económicos/políticos/sociales/etc... que suelen ser siempre los mismos, haciéndose así muy difícil que algo que ocurre fuera de esos circuitos acceda a radios/periódicos/televisiones/etc. Es el eterno discutir sobre si los medios reflejan la realidad o tan sólo parte de ella. Cierro aquí la consideración de corte académico, porque seguramente se considerará frívolo hacerla en un libro como este, pero tomen nota: hay un mundo ahí fuera que estamos ignorando.

Es curioso, pero a pesar de que notamos que el experimento de Tele Cinco no funciona como nos gustaría estamos contentos. Cuando digo que no funciona no me refiero a niveles de audiencia (tampoco son tan malos aunque no sean para tirar cohetes) sino al programa en si, en el que no nos encontramos cómodos. Una vez más ahí hago como de «catalizador» de opiniones por mi condición de «colaborador» externo del programa (es decir, estoy y no estoy) y noto como todos están contentos por trabajar en un medio desconocido y atractivo, pero en ningún caso están satisfechos con el resultado. Alguien –no diré quién– dio en la clave cuando me comentó: «en la radio me lo paso bien, en la tele me distraigo. Veo mucha gente y cuando acaba me muero de ganas de irme». Sintomático.

Viernes 10 de Enero. ¡Oh León!

Tras la emisión de «Vuelta Y Vuelta» El Pulpo, Abellán y yo cogemos el coche para ir a León. El sábado tenemos «A Fuego Lento» y hoy nos toca la noche «Heineken» en el Privé de la discoteca Oh León.

Rosana, en Vitoria.

Me lo pasé muy bien ese viaje, porque siempre he sentido predilección por las historias de la gente mayor y aquel día Abellán nos soltó unas cuantas batallitas. No, en serio, la biografía de este tipo es fascinante, sobre todo para algunos como Carlos y yo que llevamos relativamente poco tiempo en este negocio. Nos encantó saber cosas de gente que ahora ocupa altos cargos en importantes empresas y que también han tenido sus «zorreritas» o anécdotas varias.

De todos modos, no todo es bueno para mi en ese viaje en coche de Madrid a León. Estamos hablando del mes de enero y todavía duran los coletazos de una ola de frío y nieve que se cernió sobre el país. A medida que nos acercamos a León aparecen las primeras manchas blancas sobre la hierba, aunque muy leves. A mi no hay cosa que me gusta más que la nieve y el frío, y en cuanto la veo soy presa de una incontrolable euforia y sensación de felicidad. Total que lanzo el grito: «¡¡Mirar, nieve!!». Abellán y Carlos se miran sorprendidos y sin mediar palabra me descolocan: «eso no es nieve catalán. Eso es sal». Yo no me lo creo. «Que sí, como va a ser nieve eso si ya no hace tanto frío. Eso es sal que han echado durante las nevadas para evitar congelaciones y ahora se ha quedado ahí». Sigo escéptico: «La sal no se echa en la hierba, se echa en la carretera». «Eso serán en los Pirineos, en León la echan por todos lados». Oficialmente no me lo creo, pero debo reconocer que en mi fuero interno estoy durante algunos kilómetros dudando, aunque yo creo que eso es nieve, me extraña la seguridad con que Carlos y Abellán me exponen que aquello es sal. Total, al cabo de unos kilómetros la cantidad de nieve es tal que rompo el diálogo que tenemos entonces para decir: «esta noche deberemos aliñar la ensalada con

Burgos. ¡¡Por fin, un canal solo para mí!!

limón, porque toda la sal de León la han puesto en el campo». Típico comentario repelentillo surgido de esa concepción mía del humor que algunos califican «de bofetada» (otros en lugar de calificarlo les gustaría dármela). De este comentario nace otro apodo histórico en «La Jungla». Carlos me mira y me dice: «Ginesito», así llamaban en su colegio a los repelentes. Las carcajadas se deben oír en La Coruña y yo inicio una vez más mi callada y abnegada tarea de resignarme ante un nuevo trato de humillación hacia mi persona. Me está bien empleado por viajar con la «A».

El niño no necesita camerino.

Llegamos a León, ante mi satisfacción personal porque me gustan mucho estas tierras. Nos reunimos todos en el hotel mientras le seguimos diciendo a Fernando que mañana a las 8,30 de la mañana hay que levantarse de la cama porque hay una firma de discos en el centro de León. Fernando monta en cólera y amenaza: «yo no voy». Abellán se pone serio: «Fernando es un compromiso personal mío con un cliente, hay que firmar a primera hora de la mañana». Llevamos toda la semana colándosela y parece que finalmente se lo ha creído.

Salimos a cenar con el coordinador de 100 en León Contreras y toda su gente. Ellos son los anfitriones que harán de nuestros días en León un buen recuerdo. En la cena evidentemente yo pido mollejas y a medianoche nos acercamos a Oh León para la noche Heineken que discurre como siempre (con la salvedad de que me hacen salir para cantar y me llevo conmigo al Pulpo con el que entonamos las notas del clásico «Marco»). Como suele ser habitual nos quedamos un buen rato en el lugar una vez acabado el mini concierto conociendo a la gente algunos, intentando conocer aún más los otros. En concreto Whopper despliega esa noche una frenética actividad de acoso y poco derribo de algunas féminas de León, una actividad que se ve constantemente saboteada por una larga conga encabezada por los componentes de La Jungla que una y otra vez pasan al lado de Whopper para meterlo en la conga y cortarle el rollo.

Pero la noche se complica. De un lugar a otro, por el camino se van perdiendo partes del grupo hasta que unos cuantos llegamos a un bar de cuyo nombre no quiero acordarme lleno de gente hasta la bola sudando como locos y bailando como posesos. La parte más veterana de La Jungla –Muñones, Roz y yo– se agobia y decidimos largarnos (Abellán se había ido ya antes con su coche aunque se perdió por el camino viendo como su coche imitaba a Nacho Duato a causa del hielo en la carretera, de ahí el grito de «hielo» que a veces oiréis en el programa).. En el camino de salida vivo el único altercado de la gira por mi origen: un atontado se mete conmigo porque ha oído que soy catalán. La cosa no pasa a mayores pero me queda marcada una frase de Carlos: «si tratas así a los catalanes me avergüenzo de ser castellano como tú» (frase premonitoria del acercamiento e intercambio cultural que el madrileño Carlos Moreno hará con una representante de la clase media alta catalana, pero eso es otra historia).

Una chica de precioso nombre –Amor– nos acerca al hotel. Cada uno a su habitación y al llegar: sorpresa. Casoliva vuelve a ser B. ¡¡He perdido la cartera!! Dentro: dinero, tarjetas de crédito, fotos de Upo y el billete de vuelta a Barcelona. Son las cuatro de la madrugada, estoy en León y necesito hacer algo. Consigo hablar telefó-

En Lleida, despidiendo «La Jungla A Fuego Lento».

Durante la prueba de sonido en Burgos.

nicamente con los bares dónde hemos estado (tampoco son muchos) y la cartera no aparece en ningún sitio, por lo que el siguiente paso es anular todas las tarjetas de crédito. Entre pitos y flautas se me hacen las siete de la mañana y con los nervios a flor de piel me meto en la cama. Al cabo de un rato, a las ocho y poco golpean en mi puerta. Es El Pulpo que viene a confirmarme que Dios existe. Acaba de llegar y en el móvil se ha encontrado un mensaje de mi mujer: alguien la ha llamado a las seis de la mañana para decirle que había encontrado mi cartera y un móvil (que luego resultó que no era el mío pero por eso no me llamaron a mí). No sabéis el peso que me saqué de encima. El chaval se llama Miguel Ángel Alonso y vive en Riaño.

Sábado 11. «La Jungla A Fuego Lento» León

Volvemos a meternos en la cama y nos levantamos todos justo para comer. Son casi las tres de la tarde cuando llego al comedor y oigo risas al entrar ¿Ya saben lo de la cartera? No. Un vistazo rápido y ya veo que Whopper ha hecho alguna de las suyas por la cara de hámster arrepentido que pone. Resulta que anoche, finalmente, algún alma caritativa le dijo a las tantas de la madrugada a don Fernando Echeverría la verdad: no había ninguna firma de discos en León. Pero Fer, conocedor de las virtudes y defectos de sus compañeros, pensó que había una persona de la que podía vengarse por la semana de bulos que le había dado: Whopper, el único que cuando se levanta de la cama es incapaz de utilizar el cerebro para nada más que instintos y costumbres básicas como lavarse, comer, oritar, etc.... Total, que al llegar al hotel (a las siete y pico de la mañana) Fernando llama a Whopper e imitando la voz de Abellán le dice que espabile, que tiene el tiempo justo para vestirse, ducharse y desayunar que nos vamos a firmar discos, que lo que era una broma para Fernando resulta que se había convertido en realidad. Ese Whopper que se levanta, se ducha, desayuna y se planta en la recepción del hotel hasta que se hacen casi las diez y me llama: «Casoliva, que te va a caer un puro. Tenemos firma de discos y nos vienen a buscar en cinco minutos». «Pero Whopper....» Whopper volvió a la cama y durante la comida no se habla de otra cosa (él calla).

Por la tarde vamos al pabellón y esta vez acabamos la prueba a una hora razonable. Lo suficiente para pillar la furgoneta e irnos todos a tomar algo por ahí. Nunca cenamos antes del show y a esas horas el hambre aprieta. Hay un problema: Carlos trae el megáfono. Por lo tanto las tranquilas calles de León se ven ese día asediadas por la presencia de una furgoneta de la que salen voces de Ruiz Mateos y demás famosos, sirenas de policía y diversos improperios hacia las mujeres de esta bella tierra que mi propio decoro y pudor me impide reproducir («¡¡¡¡¡¡Suelta eso!!!!!!!!» le grita Whopper a una pareja que se abrazaba en un portal que se separa acto seguido).

Por cierto, en los camerinos antes del concierto Fer, Abellán y yo diseñamos las líneas maestras del «Show De La Jungla B».

Objeto: 60 minutos de compasión

Target: Pueblos y pequeñas villas de no más de mil habitantes

Montaje Técnico: un radio casete a pilas donde irán los playbacks. No hacen falta luces.

Backline: no hay

Sonido: menos

Artista invitado: ¿Qué?

Gattering: A poder ser agua, pero no es imprescindible

Hotel: Si. También vale hostal, posadas o habitaciones. Intentar no colocar al equipo en corrales o cuadras. (pero si no hay más remedio..)

El «Show De La Jungla B» desplazará a un total de... Dos personas. Se recomienda su contratación para fiestas de cumpleaños, bautizos y algún bodorrio de poca monta.

Caché: La voluntad.

La Jungla A Fuego Lento cumple una nueva fecha en León, en el mismo pabellón dónde el Joventut ganará semanas después la Copa Del Rey de Baloncesto ante la exasperación del político extremeño Rodríguez Ibarra que no se le ocurre otra cosa que gritar «España, España» para animar a un equipo de Cáceres contra uno de Badalona. Me viene a la cabeza ese día el altercado que tuve en ese bar de León por el hecho de ser catalán, la honradez de Miguel Ángel Alonso de Riaño que me devolvió la cartera con todo el dinero dentro y no me dejó ni que le invitara a la cerveza que nos tomamos juntos, y me vino también a la cabeza esa frase de: «aquí cabemos todos o no cabe ni Dios». El porcentaje de gilipollas y gente honrada es invariable estés donde estés y todo depende de la suerte que tengas en encontrarles y/o diferenciarles.

Lunes 12 de enero. Adiós Liga

Eso pensé yo cuando con cara de tonto vi como mi tercer equipo le daba un golpe mortal a mi primero. El Hércules ganaba 3 a 2 al Barça en el Camp Nou. A final de temporada el Barça queda segundo y el Hércules baja a segunda ¡¡Qué B!!

Al día siguiente en 100 Barcelona montamos un envío de faxes para hacérselos llegar a Núñez a finales de semana. Menos bonito le llamaron de todo. El mejor: el que se ofrecía como chofer para llevar a Robson al aeropuerto.

Esta semana es movida para la B. El miércoles tenemos minutos B. Jamás en la historia de la radio una corriente ideológica como la nuestra (la B es una forma de entender la vida) ha calado tanto en tan poco tiempo (cinco minutos a la semana incluyendo una desconexión para publicidad local de cinco segundos). En estos minutos hacemos público por primera vez que este verano, durante el mes de agosto, coincidiendo con el descanso de la A nace el «Show De La Jungla B» por lo que dejamos abierta la contratación de nuestro espectáculo (desgraciadamente no nos contrata nadie y en agosto nos vamos resignadamente de vacaciones). Para darle al acontecimiento la magnitud que se merece, Fer y yo estrenamos el «Himno B», la canción «Letra B» del insigne grupo maño «Los Berzas» basado en el «Let It Be» de Beatles.

Al día siguiente –jueves 15– llegan faxes pidiendo la repetición del «Himno B», pero son silenciados por la A. Estamos censurados ¡¡Qué B!!. Por cierto, esto me lo cuenta Fernando porque aquel día yo estoy enfermo, según Abellán víctima de un delirio ya que me he pasado la noche gritando: «Robson, Go Home!»

16, 17 y 18 de febrero: Largo fin de semana

El ritmo es incesante, y eso que decían que en enero íbamos a descansar. El viernes 16 nos vamos a Valladolid. Directo desde Barcelona llego a primerísima hora de la tarde y con unos amigos de Valladolid me acerco a mi añorada Zamora, dónde vuelvo a respirar ese ambiente que me enamoró y –aunque no lo créais– me carga de pilas.. Por la noche «Heineken» en el bar Grafitti. Ni que decir tiene: hasta la mismísima bola (los padres de Fer que vinieron a vernos tuvieron que quedarse en la puerta porque no cabía un alfiler). Luego nos damos un poco de fiesta, la noche de Valladolid tiene puntos como «La Maraca» de nuestro amigo Juan Carlos Ferrero, en esta discoteca El Pulpo bate récords, e incluso algunos que lo vieron –como bien supondréis yo me batí en prudente retirada– aseguran que se paseaba por la discoteca con la lengua fuera para ahorrarse el esfuerzo de sacarla y meterla a cada beso. ¡Qué vergüenza!

Sábado 17. «A Fuego Lento» llega a Valladolid. Desayuno, buena comida (¡Mollejas!) y la gran liada. Guiado por Alberto Guerrero (Coordinador de la Cadena 100 en Valladolid) Abellán se mete el solito en un bonito jardín. Esa noche Atlético y Real Madrid juegan en el Calderón en partido televisado. El duelo se presenta igualado y Abellán está gallito. Desgraciadamente para él la mesa está llena de merengues y se monta una porra de bastante pasta en la que Abellán juega contra todos. Bueno, todos menos yo que me mantengo neutral sobre todo si hay pasta de por medio y de Don Fernando Echeverría que como bien sabéis por muy colchonero que sea su primer equipo siempre es «La Virgen Del Puño» a la cual profesa una total devoción. A las 20,30 horas en el pabellón de Valladolid hay instalada una TV para ver el fútbol (este será el primer show que no empezará a las 10 en punto ya que Abe quiere verlo entero o eso cree él). En la enorme sala dónde lo vemos los merengues son mayoría, pero silenciosa. El Atlético marca el primer gol: Abellán salta como si tuviera un muelle en el culo y junto a su hijo empiezan a calcular la pasta que van a ganar hoy. Al cabo del rato el Madrid empata. Tensión y un catalán (yo) que se levanta de vez en cuando a pasear diciendo: «me vais a perdonar, pero yo estoy acostumbrado al fútbol de cinco estrellas y si no juega Ronaldo me aburro».

La segunda parte fue el Waterloo de los Abellán (padre e hijo) y Fernando. El Madrid le da un baño al Atleti con golazo de Raúl incluido. Abellán palma toda la pasta y se encierra en el camerino cabreado como una mona. Entonces empieza el cachondeo:

«Abe, cuando comunicamos la anulación del show»

«Llamar a Rosana que no venga»

«Jose, déjame los guiones que ya hago yo los monólogos»

«Si necesitas dinero para tomarte luego una copa ya te dejo algo yo»

Estos y otros comentarios en la misma línea son respondidos con exabruptos irreproducibles por parte de Jose, pero el punto culminante es cuando el Pulpo aparece con una amiga –estuvo fuera todo el partido– y con media sonrisa en la cara pregunta: «¿Cómo han quedado Jose? ¿Esto quiere decir que han perdido los tuyos no?» Y entonces una de esas famosas zapatillas que adornan los pies de Abellán en los Shows vuela hacia la redonda cara del Pulpo que tiene el tiempo justo para esquivarla.

Y luego: «La Jungla A Fuego Lento». El público está vibrante y caliente y seguramente más de uno se debe quedar con las ganas de saber porque durante la canción «Que será», Fernando, El Pulpo y yo acabamos en el suelo partiéndonos de risa. Pues bien. La letra del tema es más o menos así:

«Que será de mi vida que será»

Y Fernando la cambia por:

«Que será de mi vista que será»

Abe nos mira sin entender nada y menos cuando luego introducimos otro cambio en el estribillo:

«Que será de mi vista, no veo ná».

Fernando, comiendo un «pastel».

Acabado el concierto, el menda se va al hotel y la parte golfa del equipo vuelve a perderse por la noche vallisoletana –sobre todo por «La Maraca». No puedo contaros lo que sucede en esas altas horas porque no lo veo, pero si que puedo deciros, que a la mañana siguiente (Domingo 18 de enero) me levanto más pronto de lo habitual y cuando voy a desayunar me encuentro en el comedor a Fernando Echeverría. ¡Qué sorpresa! Fer, que no desayuna nunca y que siempre que sale se le pegan las sábanas ya está listo y preparado para desayunar cuando todavía falta un buen rato para la hora de partida. Cuando voy a felicitarle un olor familiar me delata la verdad: acaba de llegar de juerga y aprovecha para tomarse un café. ¡Cómo es el cegato!

Ya es domingo, y la maratón continúa. De Valladolid a Vitoria y luego a dormir a Madrid para hacer el programa. Brutal. Pero todo tiene su recompensa, porque camino de Vitoria en su coche Jose pronuncia unas palabras que por el contenido que en ellas se encierra y pese a haberlas escuchado perfectamente le hago repetir para superar mi incredulidad. ¡Si! ¡Es cierto! ¡¡¡Abellán nos va a dar a Fernando y a mi una cazadora de La Jungla!!! Después de casi un año de sinsabores, humillaciones B, kilómetros y madrugones, en nuestros armarios lucirán como estrellas unas cazadoras de La Jungla. ¡Dios existe!

Llegando a Vitoria el director de Cope Mikel Añúa nos lleva a comer a casa de Modesto, uno de nuestro Jungleros mayores. Como siempre que pisamos Euzkadi y en concreto la casa de Modesto nos atiborran a buena comida. A nosotros y a Rosana, que se añade a la mesa para desespero de Fernando, al cual siempre le gasta bromas. En esta ocasión le llena de el vaso de pacharán con vino, azúcar, coca cola, maracuyá, agua y unas gotas de café con leche. Pero la venganza B es tremenda: Fernando coge el vaso y se lo bebe de un trago sin rechistar ni protestar, nadie entiende nada.

En el pabellón dónde habitualmente juega el Taugrés, todo está listo para el concierto. Durante la prueba de sonido, El Pulpo y yo –que siempre nos aburrimos porque casi no probamos– nos dedicamos a tocar los instrumentos de la banda de Rosana. En concreto Carlos se encapricha con la batería del histórico Sergio Castillo. Yo tiemblo ¡La que puede liar Carlos con una batería! Pues alucino: ¡¡El Pulpo el cantante más arrítmico de cuantos existen sigue perfectamente el ritmo de todas las canciones!! Este hecho lo he mantenido en secreto hasta hoy para no romper ese mito de que Carlos tiene un oído imposible para la música, e incluso todavía hoy en día dudo si lo que yo escuché en el Pabellón de Vitoria fue una batería perfectamente sincopada con el ritmo de la canción o sencillamente una ilusión auditiva, un oasis de armonía en el desierto arrítmico de Carlos Moreno.

En el camerino recibimos nuestras cazadoras. Fer y yo las abrimos con deleite investigando a ver si tienen alguna tara pero no, están perfectas. Llevado por la emoción –y la zorrerrita que montó anoche en Valladolid– Fernando decide ducharse allí mismo en otra demostración de Chernobyl (agua a 90 grados más o menos), gritos, carreritas, y situaciones humillantes como –al no haber toallas– tener que secar sus kilos de sebo y grasa con un mísero trapo de fregar suelos. Muy B.

Y ahora dejadme que os pegue el rollo, porque en mi vida en esta Jungla habrá siempre un antes y un después al show de Vitoria. Por la disposición circular del pabellón, aquel día pude sentarme en la grada trasera del escenario y ver perfectamente al público. Me encantó. Me encantó como esa gente se encendía cuando tocaba y escuchaba cuando era necesario. Un público de ensueño. Participativo a la vez que atento. Cañero a la par que inteligente. Un gusto. Al cabo del rato me tocó salir a mi, y en lugar de los nervios habituales tenía unas ganas tremendas de hablar con esa gente. Por eso, mi parte –breve y concisa, casi de compromiso– la viví aquel día con tremenda ilusión y placer. Disfruté de algo que aquel día descubrí: tras siete años de subir a los escenarios viví por primera vez que también puede uno comunicarse inteligentemente con el público desde allá arriba. Algo que hasta entonces no había vivido debido a mis nervios, a las prisas o al público mismo. No creí que nadie se hubiera dado cuenta, craso error.

Bonito concierto pues el que vivimos en Vitoria, dónde conocimos a Gema, la dulce futura esposa del Padre Llanos que de Padre tiene poco mientras no se demuestra lo contrario. Charlamos con los jugadores del Taugrés. Desgraciadamente tenemos que hacer lo que más odio: irnos a la carrera. Son las once de la noche en Vitoria y a las seis de la mañana tenemos que estar en la radio en Madrid. Otra locura.

Jose, su hijo y yo nos vamos primero en su coche pues íbamos directos a su casa. Al poco de salir Jose me sorprende. Él también había notado mi cambio de actitud en el escenario, le había gustado mi estilo y me lanzó un reto: «prepárate un monólogo para el Show de Mallorca» Me cuenta los trucos y me da unas cuantas ideas. «¿No estás haciendo un libro sobre La Jungla? Pues habla de La Jungla». Me quedo sin habla. Ahora entiendo por qué sin motivo aparente una y otra vez me ha estado sacando al escenario. ¡Qué tipo!

Mientras mi cabeza va dando vueltas me fijo y digo: «mira, cae sal del cielo, como en León». Efectivamente, está nevando mucho, pero mucho, mucho. Nada más empezar la subida del puerto de Guadarrama el coche se nos va, perdemos el control y nos quedamos a un palmo de la valla, y tras la valla hay un profundo barranco. Supongo que gracias a la habitual blancura de mi piel Jose no notó el susto que me había llevado (ventajas de no ser moreno). Nos agobiamos un poco pero decidimos seguir p'alante, a fin de cuentas es un buen coche. Lo que ya no vemos tan claro es el autocar que viene detrás y lleva al resto del equipo. Les llamamos por el móvil y les avisamos del peligro, hablamos con el conductor y le ponemos en antecedentes. Finalmente decide parar un rato mientras nosotros seguimos subiendo a 40 por hora. A todo esto Pulpo nos llama desde el restaurante donde han parado a cenar: «Jose ¿me puedo comprar unos esquíes?». Al cabo del rato dejan el área de servicio no sin antes hacer una de las suyas. Las puertas del local eran de esas correderas, es decir, se abren y cierran solas al notar la llegada de alguien a través de unas células fotoeléctricas. Células que Carlos y Muñones cambian de lugar antes de salir corriendo para el desespero del personal que ve como durante unos largos minutos nadie podía entrar ni salir del restaurante.

Aquel día el que más durmió de nosotros tal vez se acostó un par de horas, o ni eso. Bueno Abellán ya ni vino. Pero todo y así nos salió un programa redondo. Es curioso que por mucho sueño que tengas en cuanto empezamos se te olvida y no te vuelve a invadir hasta que has acabado, aunque entonces te metes en la cama y no te levanta ni Dios.

Martes 21 de enero. La Jungla va a la Moncloa

Bueno, más que La Jungla el que va es Abellán, porque a nosotros no nos dejan (tendrán miedo de que montemos alguna). Aquel día hablamos de tú a tú con Miguel Ángel Rodríguez (no el de los Mojinos, el otro), al que cosemos a preguntas del tipo: ¿Qué ha hecho con los Bonsais de Felipe? ¿El 6 a 0 del Barça al Valladolid en la despedida de Bakero está dentro de los pactos con CiU? Y demás lindezas que soporta estoicamente porque es oyente habitual del programa.

La semana continúa movida. El miércoles 22 hacemos el programa desde la Facultad De Periodismo de la Universidad Francisco de Vitoria, dónde el Pulpo canta por primera vez «Wannabe» de Spice Girls en una versión un tanto libre. Esa tarde voy en tren a Lleida desde dónde haré el programa al día siguiente (jueves 23) y el viernes vamos a Mallorca. Una duda me asalta entonces ¿Cuando preparo el monólogo? Para rematar la jugada se confirma que desde el sábado «Vuelta Y Vuelta» se emite los fines de semana, o sea que nos va a pillar en pleno maratón de shows.

¡¡Qué guapo soy!!

Que no me olvide antes de que en el programa del jueves 23 Carlos Moreno me demostró ser el auténtico rey de las entrevistas absurdas. En las últimas semanas varios personajes del mundo musical habían tenido que aguantar sus delirios: Puff Johnson (Do you like Parla?), Pedro Guerra (¿te has fijado que si tu CD fuera doble serían dos cd's?) y –sobre todo– Carlos Núñez (¿como suena la gaita si te la rajan cuando estás soplando? o ¿nunca se te ha escapado un «pum» mientras soplas? a lo que Núñez preguntó ¿Qué es un pum? y no veáis la cara que se le puso cuando se lo contamos). Aquel jueves visitaba el estudio un delicado grupo de Almería que había ganado la última edición del Imaginarock. Hasta aquí todo normal, como normal es su nombre: Madera. Preguntas del Pulpi:

– ¿Desde cuando sois Madera? ¿Desde que salisteis del árbol?

– ¿Tenéis miedo a quemaros?

– ¿Es cierto que los carpinteros entran gratis a vuestros conciertos?

Por cierto. Ese jueves famoso inauguramos los jingles oficiales de la Jungla B: «Senando, Viva La Sunda B» «Tulpo, a Tal.la» etc..

Aquel mismo jueves vuelvo desde Lleida hasta Barcelona, aunque sólo sea para pasar unas horas en casa (al día siguiente vamos a Mallorca). Estoy por la tarde en casa, suena el teléfono móvil es Carlos y me dice: «¿Si?», y yo «¿Si?» «¿Por qué me llamas?» «Pero si has llamado tú» «No, yo no». Un auténtico diálogo de besugos. Pero luego suena el teléfono de mi casa y también suena la voz de Carlos. «Núria –le dice a mi mujer– me has llamado tú» «No Carlos has sido tú». O sea: en su móvil estoy yo, en el teléfono de su casa mi mujer y ni él ni nosotros hemos llamado. ¿Qué pasa aquí? Al cabo de un rato yo sabré la respuesta, pero desde ese momento la vida del Pulpo se convierte en un infierno. Por su móvil desfilan a lo largo de varios días Estrada, Patricia, Paula Vázquez, restaurantes chinos, ministerios, Rosana, etc.. Siempre con el mismo sistema. Su móvil suena y al otro lado hay alguien que dice no haber llamado sino haber recibido también la llamada ¿Qué extraña mano negra está cruzando llamadas al móvil de Carlos? ¿Con qué oscuras intenciones?.

Viernes 24. Demasiado para un día

Buen panorama. Yo paso la primera noche en casa en casi una semana y cuando me levanto me llama Carlos: Abellán no tiene voz, tienes que hacer tu el programa. Bien. Estamos a pocas horas de ir a Mallorca donde volvemos a hacer el Show De La Jungla sin Rosana y en apenas una semana hemos introducido mil cambios en el repertorio que apenas se han ensayado. Yo todavía no he hecho mi monólogo y el sábado hay que hacer la tele en Madrid y luego a Lleida para hacer el último concierto «A Fuego Lento».

Sacamos el programa adelante como buenamente podemos y nos vamos para Mallorca. Por la tarde en el pabellón nos rencontraremos con Montana y sus músicos y nos ponemos a ensayar como locos tras tanto tiempo parados. El Show De La Jungla vuelve. Entre otras cosas se supone que con un monólogo mío. A las 18 horas, tres antes del show, empiezo a escribir y –gracias Señor– las musas me inspiran y rápidamente doy con un monólogo que –con los lógicos retoques– ha sido el que algunos habréis sufrido luego. Acabo y se lo enseño a Jose y ese cabrón (no tiene otro nombre) me da una noticia que me deja sin sangre: «está muy bien, tú abres» ¿Qué? ¿Cómo?

«Si, sales tu en Plan B y cuentas esto»

Sin músicos, sin coros, sin nada. Yo sólo con una luz enfocándome me tengo que poner de golpe y porrazo delante de miles de personas que están ansiosas por ver El Show De La Jungla a hacer un monólogo que vete a saber lo que dura y –sobre todo– vete a saber si les gusta. Al menos Abellán tuvo el detalle de decírmelo cuando faltaba una hora para empezar, porque si me lo dice el lunes me paso la semana sin dormir. No os podéis ni imaginar lo que pasa por mi cerebro en esa hora, desde «hoy me rompen las gafas» hasta «Casoliva, este es el principio del fin». Mi compañero B está eufórico por mi nueva labor y monta una zorrerita que me distrae los nervios: se hace con un walki del equipo de seguridad y empieza a dar órdenes imitando la voz del jefe al que ya habíamos oído. Total: baile de seguratas de una puerta a otra durante algunos minutos.

Llega la hora y salgo al escenario con una fregona que desde entonces se convertirá en mi compañera de gira. Nunca pude pensar que pudiera disfrutar tanto en un escenario. La gente escucha, ríe, aplaude... ¡A mí! ¡Al B! Acabo y desde detrás del escenario Abellán me felicita. Ya estoy liado. Sin darme casi cuenta me he pasado 14 minutos hablando solo ante seis mil personas que me han escuchado sin tirarme nada. En un principio el monólogo está partido en dos, pero no me gusta la segunda parte (antes de los bises) y a partir de entonces decidimos hacer sólo uno, más largo, juntando lo mejor de los dos (si es que había algo bueno)

Aquel es un gran show. No me interpretéis mal, «La Jungla A Fuego Lento» nos gusta y mucho, pero eso ha sido un paréntesis precioso en nuestra carrera. Una colaboración de lujo que primero se planteó para ayudar y apadrinar a una amiga que empezaba y que luego se había convertido en un fenómeno que se nos había escapado de las manos. Nuestro sueño de hacer de «A Fuego Lento» una gira de teatros para luego retomar el Show en pabellones se rompió porque todo se había hecho demasiado grande: nosotros y –sobre todo– Rosana. Volver al escenario con los músicos en directo (¡cómo suenan Montana y su gente!), sin interrupciones, con todo al completo y en vivo, no sé. Es mucho y muy especial.

Quién está inconmensurable en Mallorca es el Pulpo, al cual no se le ocurre otra cosa al salir que decir: «¿Qué tal se vive en una isla en que es una hora antes?» El público corea «Tonto, tonto». Entonces se va a un rincón a llorar y el público sin decirles nosotros nada empieza «Perdón perdón». Aceptadas las disculpas el show sigue. Curioso, cuando hagamos el show en Gran Canaria (octubre del 97) no se le ocurrirá otra tontería que decirle al público que ha preparado un tema exclusivo para Las Palmas y arranca con el mítico «Será maravilloso viajar hasta Mallorca» ante los silbidos generales.

Más de tres horas después de que yo olvidara mis nervios anteriores y empezara mi primer monólogo (los nervios siempre desaparecen en cuanto pisas el escenario) se acaba el show y empieza otro Show. El B.

La primera ocurre a las dos de la mañana cuando –después de la cena– Whopper y Fernando se dirigen al hotel. Llegan, piden la llave, se la dan, suben a la habitación y cuando entran se dan cuentan de que esa no es su habitación. ¿Nos habremos equivocado de número? No, lo que se habían equivocado era de hotel. Este también era de la cadena Meliá pero estaba cuatrocientos metros antes que el nuestro y en la misma acera. Suerte que fueron a una habitación vacía.

La segunda ocurre al día siguiente. Nos despertamos todos menos uno: yo. Por un poblema que no viene al caso los del hotel no me llaman y yo me quedo dormido tan ricamente. Bajan todos al hall, suben al autobús, se van al aeropuerto, sacan la tarjeta de embarque y cuando están esperando para embarcar alguien se da cuenta: «¿Y el catalán?» Es Montana –que se acuerda de mi a pesar de que hace varios meses de que no viaja conmigo. «¡Nos hemos dejado al catalán!» exclaman todos «¡Qué B!» dice Fernando. Suena el teléfono de mi habitación y cuando yo espero escuchar al recepcionista es María Jesús Prieto, nuestra road mánager, que –muerta de risa– me dice: «Casoliva tienes 20 minutos para venir al aeropuerto». Y para fastidio de todos llegué a tiempo gracias a un retraso en nuestro avión. Algunos –los de la tele– iban a Madrid, el resto, nos íbamos a Barcelona y desde allí a Lleida para cerrar esa bonita historia llamada «La Jungla A Fuego Lento».

Sábado 25. Lleida. «La Jungla A Fuego Lento» se apaga.

No hay cosa más bonita que ver a un hijo crecer. Pero esa visión es a veces agridulce, pues a la par que crece y te enorgulleces de ello por otro lado también sientes que se aleja de ti para empezar su propia vida. Parece una moñada pero es una realidad como un templo, aunque la mayoría de nosotros la hayamos vivido como hijos también nos tocará como padres.

Pues algo similar le ha ocurrido a Jose Antonio Abellán con Rosana, pero en este caso todo fue tan rápido que casi no nos dimos ni cuenta. Poco tiempo entre que vio tocar en un pequeñísimo local a una simpática canaria y se enamoró de sus canciones. Poco tiempo desde que esas canciones –en las que nadie creyó de entrada– fueron lanzadas al gran público **exclusivamente** por La Jungla. Poco tiempo para que –vendidas ya 200.000 copias– todas las radios se apuntaran a un carro ganador en el que habían demostrado estar bastante sordas. Poco tiempo desde que planteamos una gira de teatros y el medio millón de copias vendidas nos obligó a hacerla en pabellones. Poco tiempo para que esa gira que tenía que durar varios meses tuviera que cortarse: Rosana tiene una agenda llena de compromisos: visitas a América de varias semanas, regrabaciones de temas suyos, preparación de su propia gira, promoción por Europa. Demasiado para una sola persona. Por todo ello nosotros, es decir, La Jungla y Rosana y **nadie más** decidimos terminar la gira en Lleida. Si se lo hubiéramos pedido ella hubiera continuado, pero aquello hubiera ido contra nuestros principios, ya que de hacer eso no la hubiéramos ayudado sino todo lo contrario, y nosotros nos alegramos del éxito de los artistas, no nos aprovechamos de ellos. Una historia muy parecida a la que me ocurrirá a mi meses después. En esos días me estoy dejando los cuernos para hacer popular una canción «La Flaca» sin ninguna ayuda por parte de ninguna cadena de radio, ni la mía (todo hay que decirlo). Conciertos, entrevistas, todo lo que haga falta para ayudar a Jarabe De Palo, el grupo en cuestión. El tiempo me dará la razón, ellos estaban equivocados, «La Flaca» fue la canción del verano y Jarabe De Palo número uno en ventas en España. Desde entonces ya vuela solo, y a nosotros nos queda la satisfacción personal de haber sabido descubrir a un artista que merece la pena, honesto y sincero, a pesar de los muchos sordos que hay en este negocio de la música, cuyos principales enemigos son los que se centran en lo de negocio y se olvidan de la música. Además de todo aquello yo saqué algo que no se paga con dinero: un gran amigo que me ha ayudado mucho, Pau Donés.

Con todo este rollo sois conscientes que entramos en un día agridulce. Triste porque se acaba «A Fuego Lento». Alegre porque ha renacido el Show De La Jungla y nuestro poder de convocatoria aún sin Rosana sigue intacto como demostramos anoche en Mallorca y demostraremos a lo largo de toda la gira. Tristes porque dejaremos de verla cada semana. Alegres porque sabemos que es por su bien.

El concierto es tan delicioso como todos, y en este caso con un toque especial. Durante la ejecución de «Sin Miedo» Rosana nos llama a todos al escenario y –con la ayuda de Carlos Doménech– nos hace cantar el estribillo uno por uno.

Al acabar nos vamos cada uno a su casa, pero El Pulpo aprovecha para preguntarme como hago eso del teléfono (conectarle con alguien que no ha llamado). Me hago el loco «Carlos, te juro que no soy yo». Se lo cuenta a Abellán –que también sabe de dónde sale todo– y le lía más: «eso es el catalán que tiene una tecla en su casa para hacer una llamada a tres y cuando le llaman a él, él te llama a ti». Y Carlos se lo cree. Durante la próxima semana sigue recibiendo llamadas y de vez en cuando me llama a mi para que deje de hacerlo, pese a que le juro que nada tengo que ver. «Casoliva, estoy enfermo, necesito dormir, déjame en paz y deja de cruzarme llamadas a mi móvil. Sé que eres tú porque sólo tú puedes tener el móvil de Paula Vázquez que me acaba de saltar en el mío y ni ella ni yo habíamos llamado».

Nota B: Fernando, Patricia y Whopper viajan de Lleida a Madrid con el coche de Pedro Gómez, el road mánager de Montana. Se quedan sin gasolina en plena autovía de Zaragoza y mientras Pedro va a por más Whopper se monta un paseo para ir a mear y se cae en una zanja de considerable profundidad sin más daños que el susto y las risas de sus acompañantes.

Jueves 30

Durante la semana, además de poner en boga nuevos himnos B («La Sangre de tu tristeza» de Gabinete y «La vida sigue igual» de Julio Iglesias) el Pulpo sigue recibiendo llamadas a su teléfono de gente que más o menos conoce y que dice no haberle llamado. Ese día el Pulpo descubre la verdad: Whopper y Fernando son los responsables. Se metían en un estudio de grabación con dos teléfonos. Por uno de ellos llamaban al Pulpo y por el otro teléfono llamaba a alguien más. En el momento clave el sonido de los dos teléfonos entraba en la mesa de mezclas de manera que los dos se oían perfectamente el uno al otro y ninguno había llamado. Estrada, Abellán, Paula Vázquez, Rosana, Patricia, yo mismo y muchos más, hemos sido protagonistas de algunos diálogos absurdos pero divertidos con Carlos (los repetiremos varias veces en el programa)

Viernes 31

Esa mañana Paula Vázquez nos visita y nos trae –un año después de haberlas prometido– empanadas a la radio. «¿Por qué no has traído a tu novio que está más bueno?» le digo yo antes de recibir una colleja de tan bellas manos.

Hoy toca show, en Burgos. Incorporamos una sección de vientos al escenario, centramos el monólogo, en definitiva: tenemos ya listo el nuevo formato del show de La Jungla.

Nota B: vamos a comer. Quedan tres sillas y una de ellas tiene la pata de la mesa en medio. ¿Sabéis a quién le tocó? «Casoliva, siéntate aquí que para eso eres B».

El Show es un éxito. Viendo ese pabellón hasta la bola, esas luces, ese sonido espectacular, todos esos músicos, coristas, vientos.... Recuerdo el primer show de La Jungla que vi yo en Alicante, en una discoteca ante poco más de seiscientas personas (no cabían más). Este es un monstruo que crece, y crece, y crece......

FEBRERO 1997

Jueves 6 de febrero. El Pregón que nunca existió

En la historia de La Jungla sería difícil decir cual ha sido la mejor llamada de Abellán, pero seguro que si entre todos los oyentes hiciéramos una encuesta sobre cuales fueron las cinco mejores una de ellas sería la que Jose hace ese día a un chaval que cumple años y que recién ha entrado a trabajar en una empresa que instala antenas parabólicas. Mortal. El chaval llegó a comprometerse a subir al Hispasat para asegurar una buena recepción de antena entre otras muchas cosas a lo largo de casi veinte minutos de llamada.

Vamos a Santander. Yo llego antes desde Barcelona y me espera Cristina Jimeno la coordinadora de 100 en Cantabria en el aeropuerto de Santander. Cris nos ha montado una movida curiosa. Mañana haremos el programa desde Santoña –preciosa villa en la costa oriental cantábrica– pero antes, esta misma noche, nos encargamos del pregón que dará inicio a los carnavales de Santoña. Aunque una vez más soy B. Abe me hace creer que cada uno de nosotros tiene que decir algo y me preparo un discursito. Cris me deja en Santoña y se va a Bilbao a buscar al resto que vienen de Madrid –hay que ver lo que curra esta chica y lo que la gusta hacerse kilómetros

En el hotel vemos el partido: Real Madrid–Barcelona, octavos de final de la Copa del Rey (vuelta). Empatan a uno, el Barça se clasifica. Por cierto. Es muy duro ver el fútbol con una mujer que no entienda, pero lo más duro es ver una eliminatoria de Copa con una que medio entienda como Patricia. Estuvo todo el partido preguntando: y si quedan así que pasa, y los penalties, y qué es eso de los goles dobles y si marca el Madrid quién gana, etc......... Paciencia.

Llegamos a la Plaza Mayor de Santoña y allí me doy cuenta que Abellán me ha tomado el pelo. Sólo hay un discurso y lo va a leer él. Ya me la ha colado. Lo hace en un escenario mientras nosotros hacemos el corro de la patata por detrás. Acaba y sube la estrella de la noche: Paco Clavel con la pluma desatada y rodeado de drag queens monta un espectáculo digno de ser la estrella invitada del show de la B ¡Qué lujo haber sido teloneros de tan magno espectáculo!

Y acaba la noche y yo me dirijo resignado y derrotado al hotel con un papel en el bolsillo. Mi pregón para las fiestas de Santoña que hice sin saber que era víctima de una jugarreta de la A.

Carnavales de Santoña. ¡¡Qué B!!

Viernes 7. De Santoña a Villalba

Al día siguiente hacemos el programa desde Santoña, contando con visitas como la de Francisco Javier López (Concejal de Cultura del Gobierno De Cantabria) y Miguel Ángel Revilla (vicepresidente del gobierno cántabro). A Jose Antonio le devuelvo la del pregón. Sabéis que cuando hacemos el programa fuera dejamos que el público asistente nos pase notas para que gastemos una broma telefónica. Aquel día se la cuelo por fin: le paso una supuesta nota de un chaval. Se lo cree y llama, y por antena suena: «Hola soy Jose Antonio, déjame el mensaje y prometo contestarte lo antes posible». ¡¡Se llamó a su propio móvil!! ¡Y no se dio cuenta! ¿Cómo se puede ser tan despistado de no darse cuenta que llama a su propio teléfono?.

También nos visita el alcalde de Santoña: Maxi Valle. El Pulpo toma el micro y dice: «Señor alcalde, ayer en el pregón la gente me decía: Pulpo pregúntale mañana al alcalde de Santoña porque no baja el precio del billete de Metro».

Durante el programa llamamos a Fernando, el chaval de la broma del satélite. Nos cuenta que quiere matar a su hermano –que fue el que preparó la broma– y que el lunes vendrá al programa, pero que para hacerlo le dirá una mentira a su jefe (espero que no escuche la radio)

Acabamos el programa en Santoña y nos vamos en coche hasta Bilbao, antes de acabar doy las gracias al Carnaval de Santoña porque ayer entre tanta careta me sentí menos feo. Mientras circulamos por la autovía que une a Santander con Bilbao me quedo embelesado con los paisajes que veo. En esos días estoy montando las vacaciones de agosto que por primera vez quiero pasar fuera de mi tierra para encerrarme con mi familia, ya que no me ven en todo el año al menos que me vean en agosto. Había pensado en Holanda, en Suiza, pero acabo dándome cuenta que esos paisajes no tienen parangón. Pasaré el verano en Cantabria.

Esa delicia de anfitriona que es Cristina nos deja en el aeropuerto de Bilbao ¡Y venga a hacer kilómetros! El contador de su coche debe haber dado tres vueltas. Vamos a Madrid ya que esta semana el show es en Villalba, a 40 kilómetros de la capital. Curioso: al ser todos de allí no se ha solicitado hotel para los integrantes del show porque duermen en sus casas porque para eso las tienen cerca. Nadie cae en la cuenta que uno de los del show es catalán y tiene su casa en Barcelona ¡¡Qué B!!

Volamos a Madrid. La azafata del vuelo es la hermana de Chapis y nos da muchos caramelos y cacahuetes que me zampo yo porque el Pulpo dice estar a dieta. Tema interesantes este de las dietas del pulpo. Algo (un espejo) o alguien (un temita) le debe dar un toque sobre sus kilos de más y de golpe y porrazo y decide ponerse a dieta. Esto significa que se presenta cada mañana en la radio con dos kilos de frutas como único desayuno y varios mordiscos a los bocatas de los demás. Esta dieta (que se salta en todas las comidas que hacemos por ahí aunque él no quiere admitirlo) termina cuando ya no aguanta más y tras los dos kilos de fruta encarga un bocata de embutido en el bar de la radio. Las dietas suelen prolongarse unos dos o tres días, no más.

En el Testa de Villalba tenemos la noche Heineken en la que destaca la presencia de Fernando, el de la llamada del satélite. En un momento de la actuación se estropea el teclado de Whopper y él sube a arreglarlo «si subo a arreglar el Hispasat como no voy a arreglar esto». Aunque reconoce no tener ni idea de estos aparatos «una venta es una venta y está la cosa muy mal».

Sábado 8 de febrero Villalba se escribe con «B»

Tengo la teoría que el que es B no se hace, nace, y lo es hasta la muerte, y esa noche lo compruebo. Tras pasar el día por ahí me voy al hotel a dormir la siesta. Todos están en Madrid y cada uno va por su cuenta al show. Me quedo dormido (me equivoco al poner el despertador) y me despierto a las 21,30, falta media hora para que empiece el show.

Me acicalo rápidamente, y voy al pabellón. Está cerca, no habrá problema. ¡Error! Hay un atasco de la leche.

21,50 Faltan diez minutos y el guardia urbano que hay en el acceso al parking no conoce el pase de Jungla, no me deja pasar. ¡Qué soy del Show! ¡¡Qué yo empiezo y faltan diez minutos! Que no.

21,55 Dejo el coche tirado en medio del parking y me pongo a correr. Sé que eso arrancará a las diez esté o no esté. En la puerta tampoco me dejan pasar, hasta que César de la emisora de Villalba me ve y me mete dentro. A la carrera cruzamos por los pasillos del pabellón, llego al escenario, me dan la fregona, el micro y arriba. Son las 22,00 en punto y arranco el monólogo sin tiempo ni para beber agua y resoplando por el sprint ¡Qué B!

Lunes 10. Las manos de Marta

Sensacionalismos hay muchos y variados. Pero nunca hubo tantos y tan seguidos como durante la entrevista de José Antonio Abellán a Marta Sánchez con motivo del lanzamiento de su nuevo álbum: Azabache. El juego da resultado, y a pesar de que estamos toda la charla tocándole los bemoles Jose y Marta siguen a su bola y hablando de sus cosas. Como sabréis en la portada de ese disco Marta aparece desnuda tapándose los pechos con las manos y cuando acaba la entrevista no se me ocurre otra valoración del disco que esta: «Marta deseo que tengas salud muchos años, pero por una vez me hubiera gustado que hubieras sido manca» No sé si le hace mucha gracia porque tiene un sentido del humor un tanto peculiar. Lo demuestra cuando tras una Pulpipregunta le comenta a Abellán «¿Este chico es siempre así o se lo hace?» Monísima.

Martes 11. Perdido en una gasolinera

Ese día retomamos una de las más históricas movidas de La Jungla en Cadena 100: regalar gasolina. Durante una hora dos surtidores en Madrid (luego lo haremos en distintos puntos de España) ponen hasta 30 litros de gasolina gratis en cada coche que soporte una estoica cola. Aquel día nos movemos en dos unidades móviles: en una el Pulpo y Patricia (se colocan en una gasolinera en el centro de Madrid) y en la otra Pilar Casado y yo (en las afueras). Como es habitual, la ubicación exacta de la gasolinera es un secreto que vamos avanzando mediante las oportunas pistas. Suerte que Pilar –valenciana residente en Madrid– viene conmigo, porque yo estaba de lo más B: perdido. Nuestra gasolinera estaba en la carretera de Valencia, a 14 kilómetros de Madrid y cuando Abe me da paso por primera vez y me dice «¿Dónde estás catalán?» no se me ocurre otra cosa que decirle «¡Yo qué sé! En medio de un prado, al lado de una carretera, tengo un perro ladrando a tres metros y hace un frío de narices. A mi para qué me mandas a estos pesebres si yo no soy de aquí» Pilar dio la pista correcta y yo pude hacer una entrevista en profundidad al perro ladrador. Buen entreno porque luego me toca a mi entrevistar a Texas ya que Sensa Abellán tiene dolor de cabeza, y cuando Abe tiene dolor de cabeza lo mejor es que se largue a casa, porque con el cabezón que se gasta debe haber mucho dolor allí dentro.

Jueves 13. De Goñi a Donés. La cara amable de la vida

Nos visita Carlos Goñi (Revólver), un gran músico que ha sido durante años amigo de Jose y mío por separado y que ahora podemos compartir juntos. Le

Ore: «Que yo me voy».

hacemos una preciosa entrevista aderezada con las notas de calidad de Carlos Moreno, el Pulpo De Mirasierra, al que un día el Señor Goñi le mandó un fax diciéndole: «Carlos, tu voz engrandece mis pequeñas canciones». Goñi fue uno de esos artistas en que Abellán y yo –en aquella época cada uno por su lado– apoyamos incondicionalmente hasta que le llegó el éxito. Ese mismo día por la noche vivo la primera señal de que algo parecido va a ocurrir con un artista del que afirmo sin rubor que es «el Serrat de los 90» por sus melodías y la humanidad de sus letras: Pau Donés (Jarabe De Palo). 100 Catalunya lleva meses apoyándole. En los primeros conciertos que montamos juntos llegamos a encontrarnos con 12 personas de público. Este día 13, la sala Bikini de Barcelona registra un lleno absoluto quedando mas de 300 personas fuera y mil dentro (pagando). No nos hemos equivocado, aunque durante algunos meses seguiremos predicando solos en el desierto porque las grandes cadenas de radio siguen pensando que «No pasará nada con este artista». Hasta que en junio empiece una campaña de televisión con Ducados y convierta a «La Flaca» en una de las canciones del verano nadie creerá en él ¡¡Cómo pueden equivocarse tanto!! Entonces es cuando a ti te queda esa pequeña victoria moral de que con tus pocos medios y tu modestia has conseguido sacar del anonimato a un gran artista que además es una buena persona, porque estas son dos cualidades que suelen ir unidas, o así me lo demuestran historias parecidas que hemos vivido con Presuntos Implicados, Rosana, Ella Baila Sola, etcétera...

Martes 18. Mister X. La otra cara de la moneda

Pero no todo en esta vida es tan fácil ni bonito. A veces conoces a grandes personas y mejores artistas y por mucho que hagas por ellos no consiguen despegar. Y luego otros, cuando ya están arriba te dan la espalda, y no es el caso de los que antes he mencionado. Es la parte oscura de este negocio, donde la palabra amigo circula sin contenido y la mentira es la protagonista de la mayoría de los promesas.

Para contaros lo que ocurre ese día me tengo que remontar a cuando estaba en 40 y negociaba con Abellán mi pase a La Jungla. Me invitó a comer y luego me llevó a su estudio de grabación. Allí es donde Jose se convierte en un niño –más si cabe– con la ilusión desbordada. En el ordenador de aquel estudio tenía grabada cinco canciones de un chaval, y pese a que yo trabajaba en la competencia me las puso bajo la promesa de que no dijera nada a nadie «Qué arriesgado –pensé– ¿Cómo se fía de mi si apenas me conoce?» Por ilusión, por compartir ese descubrimiento, por ser el primero en ayudar a una futura estrella, aquello que no se paga ni con todo el dinero del mundo.

La historia de esas canciones era curiosa. Alguien le contó en la radio que había escuchado en el metro a un chaval que no lo hacía nada mal. Jose se fue para allá le oyó un par de temas y se enamoró de esas canciones: sensibilidad, delicadeza, melodía. Habla con él. Se llama ..... Digamos que se llama Míster X y así no se enfada nadie. Es un chaval que lo ha dejado todo para irse a Madrid con la guitarra y poco más e intentar triunfar con sus canciones. Jose se lo lleva a su casa y allí pasa varios días y semanas grabando con el maestro Whopper una maqueta lo suficientemente decente (en cuanto a calidad de sonido) para poder moverla. Jose se encarga de dársela a las pocas personas de este negocio que el considera amigos (mánagers, discográfica, etc...) y se olvida del tema. Estas personas se lo creen y deciden poner el proyecto en marcha: Míster X grabará un disco. Una vez clarificado el tema artístico se olvida del tema, lo que viene ahora es negocio y contratos y allí no entramos (gran error)

Eso pasó hace un año. Y esta misma semana nos llega la noticia: el disco de Míster X ya está listo. Ni corto ni perezoso Jose coge la maqueta que grabamos en casa y empezamos a radiar con locura una de sus canciones. Y lo hacemos como pocas veces lo habíamos hecho: con aire de acontecimiento. Es un gran descubrimiento y puede ser la bomba. Pero la bomba llega horas más tarde, cuando uno de esos «amigos» nos llama para decirnos que dejemos de poner la canción ¿Por qué? Pues porque se ha llegado a un acuerdo económico con un grupo que posee varias cadenas de radio en virtud del cual Míster X es un artista exclusivo suyo ¿Exclusivo? ¿Un artista? ¿Una canción? Pues así fue, aquellos que Abe creía sus amigos lanzaron ese artista descubierto por Jose Antonio Abellán de forma y manera que nunca, nunca, ha venido a vernos a La Jungla ¡¡Se le tiene prohibido hablar con nosotros!! ¡¡En virtud de un acuerdo económico!!

Le llamo Míster X no para evitar jugarretas legales, sino para no dar notoriedad a alguien que no se lo merece y cuyo nombre no creo que os dijera nada porque su primer disco ha sido un fracaso, un extraño fracaso. A veces, algunas veces, la falta de honestidad se paga cara.

Que la música es un negocio es cosa clara, pero que la música debe estar por encima de ese negocio debería estar más claro todavía, y en realidad –como véis– las cosas funcionan al revés. En virtud de presiones, tendencias de mercado, planes de marketing absurdo, miedos, impotencias y –sobre todo– de una gran falta de preparación profesional y humana por parte de la mayoría de directivos de este mundillo, las cosas funcionan así: tu eres mío o si no haré lo que pueda para hundirte, a ti o a los que tienes a tu alrededor. Y bajo esa amenaza los artistas ceden lo que es suyo: su arte en directo, sus palabras, su firma, su humanidad, su esencia, y –lo que es más grave– los beneficios de sus obras de arte viéndose obligados en muchos casos a ceder las ganancias editoriales a las empresas de comunicación radiofónica que promocionan sus discos. Esto ocurre con los artistas noveles que difícilmente tendrán una preparación humana suficiente para repudiar estas mecánicas tan faltas de ética, pero también ocurre con figuras de renombre. Supongo que todo debe funcionar así en este mundo, pero es triste. Muy triste. Al punto que cuando me pasan cosas como esta me viene a la cabeza aquella frase que John Lennon le dedicó una vez a un enemigo suyo «How do you sleep at night» ¿Cómo duermes por las noches?

Ese mismo martes 18 de febrero Carlos está en Sevilla y entra desde la emisora con los Siempre Así, grupo que –junto a los luego famosos Centellas– apoyamos con fuerza **porque nos gustan** (y nada más). Al cabo de pocos meses saltarán al éxito con fuerza pero nunca dejaron de venir a vernos, charlar con nosotros, etcétera... Al igual que hacen con otros programas y otras emisoras: «Aquí cabemos todos o no cabe ni Dios».

Jueves 19. Más gasolina

Ese día La Jungla vuelve a regalar gasolina en Madrid (más tarde lo haremos en Barcelona y otras ciudades de España).

El Pulpo está en una gasolinera Shell en la que además de gasolina regalamos bocatas y guías de Shell. La gasolinera está en Alcobendas, y la pista que da el Pulpo para que la gente sepa dónde estamos es histórica: «estoy en un pueblo cuyo nombre es curar y envoltorio». Es decir, alcohol (curar) más vendas (envoltorio): Alcobendas. A día de hoy Abellán todavía no la ha pillado.

Tras intentar convencer al primer coche de la cola que le echase diesel en lugar de Sin Plomo (Abe: «Pulpo que vamos a tener un problema»), convence a una patrulla de la Guardia Civil para que toquen la sirena de sus motos para la radio en directo y les birla un «pin de esos que lleváis en el cuello».

A todo esto, la conexión desde la gasolinera de Alcobendas se tuvo que hacer por teléfono porque la unidad móvil se estropeó. Explicación técnica del Pulpo: «a la móvil se le ha acabado el cable que la une con la radio y como hasta las diez no abren el Continente no podemos comprar más» Pero ¿Cómo se puede ser así?

Éste es Dome (Agustín).

Domingo 23 de febrero. Empieza la «Semana Catalana»

Otro viejo proyecto por fin toma forma. Una gira del programa por todas las capitales de Catalunya con emisora de Cadena 100, una gira en la que yo soy anfitrión y que bautizamos con el nombre de «Potser Que Fem Un Pensament», la única frase que Jose sabe pronunciar correctamente en catalán y que El Pulpo interpreta como «Suses ses sasensament».

El equipo llega a Barcelona fragmentado. Whopper llega por la mañana porque –según él– tiene que hacer unas gestiones.... en domingo. Muñones trae todo el material técnico con su furgoneta (no le gusta volar) y Pulpo y Patricia vienen con el mismo avión siendo recibidos por menda, señora e hijo («Tulpo, a Pal.la», va mejorando). En cuanto entra en el coche Pulpo muestra «la joya» de su equipaje: una flauta. Ese domingo ha hecho limpieza en casa y la ha encontrado en un armario donde reposaba desde los tiempos del colegio. Ese pobre pedazo de madera agujereado jamás debió imaginar lo famoso que se iba a hacer sin emitir una sola nota correctamente. Suerte que el disco de Carlos ya estaba grabado, si no la metía en cada canción (o para llenar los espacios en blanco entre tema y tema).

Abellán llegó a las tantas mientras nosotros estábamos en nuestro restaurante favorito en Barcelona –el Morriña– cenando con Siempre Así, aunque antes habíamos pasado por Santa Coloma para conocer el Bar «La Jungla» donde también nos pusimos las botas.

Lunes 24. Barcelona. Falta mi B

El primer programa de la gira catalana es en Barcelona. Llenamos el cine Florida con más de mil personas. Sin embargo empieza con una nota triste porque se confirma que Fernando se perderá la semana catalana, unas anginas del tamaño de un caballo le tienen recluido en Madrid. La B se queda coja. ¡Qué B!

Además de Siempre Así nos visita el delicado Pedro Guerra. En medio de su sentida interpretación de «El marido de la peluquera» Carlos coge la flauta y le acompaña con un solo. En aquel momento me asusto: a ver si Pedro se enfada y nos manda a Parla. Pero no, se lo toma tan bien que cuando Carlos termina a Pedro le da un ataque de risa que le impide continuar....

¿Recordáis aquel programa que hicimos en el Renault Center de Madrid en que yo presenté a traición y ante todo el público a la madre de Carlos? Por entonces yo ya ni me acordaba pero me la iban a devolver. Y no se me ocurre otra cosa que decirle a Carlos que hoy vendría mi madre con mi mujer a vernos. En un momento determinado veo que Carlos se levanta. Mi mujer acaba de entrar y el coge el micrófono y suelta: «La mamá de Casoliva» a grito pelado. Mi pobre madre no podía creérselo: todo el cine en pie aplaudiéndola (luego Abellán la entrevistó intentando sonsacarle detalles de mi infancia que mi madre tuvo a bien no desvelar ante mis miradas amenazadoras).

Antes de acabar, otro detalle. Hace ya semanas que Fernando y yo hemos decidido nombrar grupo B a Los Planetas, una banda «indie» de Granada que nos gusta mucho (lo digo en serio) y que tiene una peculiaridad: aunque cantan en castellano no se les entiende porque no abren la boca. Es una nueva modalidad B de anti–vocalización que nos vuelve locos. Pues bien, ese día un oyente se nos acerca todo serio y nos pregunta por las fechas de la gira de La Jungla B con Los Planetas. Yo no sabía que cara poner.

Al acabar nos vamos a Reus, teniendo que soportar durante todo el viaje que Abellán descuelgue mi móvil y trate de hablar en catalán con todos los que me llaman. Resulta que ya ha aprendido ha decir la hora en forma catalana (en lugar de nueve y media, dos cuartos de diez y demás) y según él ya está preparado para afrontar la inmersión lingüística.

Llegamos a Reus donde Jordi Finazzi (director de Cope y el mejor Dj que ha existido en lengua catalana) nos atiborra a calçots (cebolletas catalanas que se comen a la parrilla con una salsa especial) en una comida en la que Jose nos desvela una nueva faceta de su personalidad: es el tío más incapaz del mundo a la hora de hacer negocios. Nos cuenta como la única vez que ha firmado algo fue una especie de plan de pensiones que le propuso una tía que estaba muy buena. Abe firmó y cuando su mujer vio el contrato le quería matar. Ese plan era una especie de agujero negro a fondo perdido que le iba a dar para comprase un utilitario de segunda mano cuando fuera abuelo.

Por la noche cenamos en el hotel. Viene Carlos Goñi (Revólver) que al día siguiente estará con nosotros en el programa. Durante la cena hablamos básicamente de informática. Goñi está colgado con los ordenadores, los juegos e Internet. Abe le cuenta las burradas que ha llegado a hacer en su casa (borrar discos duros, etc..) y como tenía un salvapantallas en el ordenador de la radio de Madrid que era una foto pornográfica. Pero se ha visto obligado a cambiarlo cuando un día bajó un jefazo de la Cope (cura para más señas) a su despacho y mientras estaban hablando saltó el salvapantallas con todo su lujo de detalles. Jose no sabia como ponerse.

Por cierto ¿Quién llama a la recepción preguntando por Carlos Goñi y cantando «Mi rendición» a grito pelado? ¿Por qué la habitación de Carlos y German amanece con el mobiliario del revés en un curioso ejercicio de decoración imposible? ¿Por qué los cojines de los sofás de los pasillos del hotel aparecen al día siguiente delante de la habitación de Jose que casi se abre la cabeza al salir? Misterios sin resolver.

Martes 25. Reus

El programa lo hacemos en el auditorio de La Fira de Reus. Pero casi no lo hacemos. A las 6 y 55 minutos Carlos Moreno (El Pulpo De Mirasierra) se tira –con perdón– uno de aquellos pedos silenciosos pero traidores que inunda de un olor fétido todo el escenario. A las siete en punto y con el público ya sentado Jose se arma de valor y decide subir para iniciar el programa, aunque está un buen rato sólo ante el hedor de la zona (son los efectos secundarios de la calçotada).

Nos visita un músico de Barcelona llamado Enrico Barona. Un chaval que lleva ocho meses detrás nuestro para que le demos una oportunidad. Se la damos Y cuando Jose le presenta dice: «el bueno de Enrico lleva mucho tiempo dándonos el coñazo para que le dejemos tocar». El Pulpo le corta: «no puede darnos el coñazo, es un hombre».

Al que también liamos fue a Carlos Goñi. En mitad de la entrevista le saco una guitarra y así –improvisadamente– canta «Si es tan sólo Amor». Precioso (si sé lo que dirán algunos luego me dejo la guitarra en casa).

Y luego: a Lleida. Tercera parada de la «Potser que fem un pensament Tour». Llegamos con el tiempo justo para ponernos morados en otra comida a base de calçots y –en este caso– caracoles. Como supondréis durante esta gira voy haciéndome constantemente el chulo enseñando mi tierra, sus costumbres y su comida a «los castellanos», que empiezan a estar hasta el moño de mi chulería ¡Qué se fastidien! ¡No haber venido! Por cierto, en medio de Lleida, en un semáforo, Carlos –que iba en mi coche– se pone a hablar con el del coche de al lado en su particular catalán. Cuando acaba la parrafada yo –que no he entendido nada– pienso: «o le manda a Parla o le hace una cara nueva». Ni lo uno ni lo otro, le dice: «lo que tu digas, yo soy de León y estoy aquí de vacaciones».

Miércoles 25. Lleida

En Lleida las cosas se hacen a lo grande. ¿Teatro? 1500 personas, el Teatre Principal abarrotado ¿Desayuno? Toda la escuela de hostelería de la ciudad cocinando

MariJe, nuestra madre en la gira.

para nosotros desde las cinco de la mañana. Nos pusimos las botas gracias a Salvador Gené, Pere Joan, Sonia y toda la gente de 100 en Lleida.

Abellán recibe un nuevo apodo ese día: Lina Morgan. Tiene un problema con un músculo en la espalda y anda como Lina Morgan en «La Tonta Del Bote». El Pulpo está fresco y abre el programa con un solo de su ya famosa flauta, a pesar de que no ha pasado buena noche. Resulta que por problemas de infraestructura German tuvo que montar por la noche. A eso de las dos de la mañana, cuando ya estaba terminando encendió un cigarro y ...... El Pulpo le había colocado diez petardos. El cabreo de German fue considerable. Llama al hotel, le ponen con la habitación de Carlos y este coge el teléfono. German le grita, Carlos no entiende nada y deduce que es la llamada para despertarse. Se levanta, se afeita, se ducha y cuando se está vistiendo Whopper se despierta y le dice: ¿Pero qué haces, si son las dos y media de la mañana? Vuelta a la cama.

Durante el programa nos pasa una de aquellas movidas que si las preparas no te salen. ¿Recordáis el villancico de Rosana? Lo grabaron en el concierto en el Palacio De Congresos de Madrid con la banda y un invitado, un chaval que presentó aquella noche y del que sólo sabíamos que era catalán y se llamaba Alberto. Pues bien, haciendo el programa en Lleida había un chaval en primera fila vestido con un chándal de lo más normal y sentado con sus amigos. Jose se lo mira un par de veces, el caso es que.... Parecía ese chaval que cantó con Rosana, pero no puede ser él. A las 6 de la madrugada, en primera fila, en chándal... Hasta que decidimos tirar p'alante. Le pedimos la guitarra a nuestros invitados aquel día (luego os cuento) y dice Jose. «¿hay alguien en este teatro que sepa cantar?» Acto seguido los amigos empiezan a señalar al chaval del chándal ¡Era él! Alberto Lanco, que tras haber repartido los periódicos por los quioscos de Lleida durante la madrugada se puso a hacer cola para ver como hacíamos «La Jungla» en directo en su ciudad. El mismo chaval que cantaba con Rosana el villancico más bello que se ha grabado jamás en España. Sube, canta y nos regaló un par de aquellos preciosos momentos que sólo la improvisación puede dar. No os olvidéis de su nombre.

Pero Alberto no es el único. Aquel fue un día de reencuentro con unos viejos amigos cuya historia ya os conté: Mojinos Escozíos. Los locos que nos dieron una maqueta cuando hicimos el show en el Poble Espanyol de Barcelona y que estuvieron tocando en nuestra fiesta del Disco De Oro. Durante estos meses el trabajo de Mojinos lo hemos centrado en Catalunya organizándoles presentaciones en todas nuestras ciudades (ante el rasgue de vestiduras de alguna que otra mente corta de miras) Pero ya ha llegado el momento del salto, el salto a todo el país. Miguel Ángel Rodríguez, Zippi y Chicho (los Mojinos Acústicos) vienen con su inseparable Toni Martínez (mánager B) en la que será la primera de una larga serie de actuaciones con La Jungla con el único objetivo de dar a conocer algo que nos gusta especialmente: su música, su humor y su desvergüenza. Mención especial para el «choque» o «duelo» de flautas entre El Pulpo y Miguel Ángel Rodríguez, quien pese a sus largos años de conservatorio tuvo que reconocer su derrota sin paliativos.

Y nos vamos a Figueras. Es un buen trozo pero todo es autopista, aunque con el riesgo de llevar a Carlos de pasajero con su fea costumbre de hacerte cosquillas cada X kilómetros.

Figueras está a apenas diez minutos de la frontera con Francia y es una de las capitales de la comarca más bonita que yo conozco: el Empordà. Si durante esta gira he podido conocer lugares preciosos de toda España, dejadme deciros que nada se puede comparar a esta tierra que tiene una gran peculiaridad: lo tiene todo. Cada 10 kilómetros te llevas una sorpresa: mar, montaña, mundo rural, buena comida, puntos cosmopolitas, villas de ensueño, lugares recónditos, parajes remotos, bullicio. L'Empordà es una de las joyas que merece descubrirse antes de irse al otro barrio. En serio.

Nos alojamos en el «All I Oli», uno de los hoteles favoritos de Abellán pues se trata de una típica masía catalana reformada. Por la tarde le enseño a Carlos algunas maravillas de esta tierra: Castelló de Empúries, una villa que parece anclada en la Edad Media y a su lado Empuriabrava, una obra moderna conocida como «la Venecia catalana» dónde la mayoría de sus calles son canales de agua. Agua que casi nos comemos cuando me paso de frenada y aparecemos en la playa («¿ves cuanta agua? pues debajo hay más» le dije a Carlos para quitarle el susto). Ante la vista del mar mediterráneo a Carlos le llega la inspiración para componer el himno de Empúries: «Empúries patria querida, Empúries de mis amores»

Aquella noche hay partido televisado. Juegan el Betis y el Rayo. Estamos viéndolo en el hotel y llega German que acaba de montar el equipo en el Teatre Principal donde mañana haremos el programa. German no es un gran experto en fútbol y cuando pregunta «¿Quién juega?» le decimos: «Betis y Osasuna» Se queda como pensativo. Aunque no creo que sepa que Osasuna está en segunda es habitual que le tomemos el pelo cuando se trata de fútbol. Como sabréis el año pasado el Rayo llevaba en la camiseta publicidad de «Estepona» y al cabo del rato German alza la voz con el convencimiento del que ha descubierto el truco de la broma y dice: «no es el Osasuna, es el Estepona». Las risas se oyeron en Francia.

Jueves 27 de febrero. Fin de gira, por ahora

El programa en Figueras cierra a lo grande. El teatro lleno, la gente encantada y el menda sacando pecho: la gira ha sido un éxito y además nos visita mi «protegido» Pau Donés, Jarabe De Palo, que vuelve a cantar una «Flaca» que cada vez es más conocida en Catalunya dónde las ventas de su álbum se están disparando. En pocos días un ejecutivo de publicidad escuchará la canción en Cadena 100 Barcelona y la escoge como sintonía y tema estrella para el recopilatorio Duca 2 ¿Por qué estoy tan seguro de que la escuchará en la 100? Pues porque somos la única emisora que se pasa todo el invierno y primavera programando «La Flaca».

El Pulpo recibe un regalo que le da en el alma: una flauta, en concreto una chufla. Ya tiene la parejita.

Para cerrar un desayuno de locura. Para demostrarnos lo mucho y bien que se come en L'Empordà, Can Quim, uno de los mejores restaurantes de Figueres nos ha preparado un desayuno apabullante.

Y luego, todos a casa. Como digo, la gira ha sido un éxito, la semana que viene más, aunque sea otro mes.

MARZO 1997

Martes 4 de marzo. Gira universitaria

Siempre lo diremos. Nos gusta especialmente hacer el programa en universidades. Gente joven, despierta, con ganas e inteligente. Un espacio natural dónde La Jungla ha conseguido un gran éxito pese a las reiteradas muestras de incultura de alguno de sus componentes (y no miro a nadie)

Desde la 100 Madrid, Julián Velasco y el Departamento Comercial con la gente de Red Bull montan una gira por algunas universidades de Madrid durante toda la semana. La historia arranca el Martes 4 en la Autónoma, en la Facultad de Económicas. El aula magna está llena pero hay problemas con el enlace y Jose debe empezar el programa desde la radio. A las siete y media German arregla el asunto y Jose se viene para la Uni. Durante media hora hacemos el programa solos: una vergüenza (Pulpo dice que Abe se ha ausentado un rato porque tiene apretones). Yo anuncio cuatro veces la entrada de Abellán en el Aula Magna. Las cuatro veces el público se pone en pie y aplaude. Cuando llega Abe de verdad no se lo creen.

Aquel día vinieron los Hips, un grupo soul de Rotterdam (Holanda) con una vocalista que casi derrumba las paredes de la Autónoma ¡¡Qué voz!! Y quienes también vienen son nuestros amigos: los Mojinos. Vamos a poner todos la carne en el asador. A partir de ahora trabajaremos juntos, esto tiene que funcionar. Para empezar, esta semana estarán con nosotros y la primera intervención ya es la bomba.

Miércoles 4 de marzo. CEES

Lejos de Madrid y en una Universidad privada hacemos el segundo programa de la gira universitaria, en el Aula Magna B (si, he dicho B!) del CEES.

De todo: para empezar me meten un petardo en el cigarro, luego a Fernando le tiran del cable del micrófono (Fer dice «no tires del cable que no veo»).

Viene Raimundo Amador, Javier Vargas y... ¡¡Mojinos Escozíos!! Histórico. Miguel Ángel se queda casi en pelotas, la gente se sabe sus canciones y yo le echo la bronca en directo: «tu te crees que estas son maneras de estar en una universidad como esta, con gente tan educada» Y me contesta «pues a ver si me ligo alguna y doy el braguetazo» Ante la demanda del público y la nuestra propia los Mojinos no tienen más remedio que cantar otra canción, pero les pedimos un favor: que sea

Carlitos, en el Ayuntamiento de Valencia.

nueva. Y aquel histórico 4 de marzo de 1997, resonando en los sabios muros del CEES y difundiéndose por todos los transistores del país, los oídos de España se llenan por primera vez con el estribillo de la canción de amor más simple, directa, pegadiza y vacilona que jamás se haya conocido:

«Jerónima, Jerónima,
lo tuyo no es un nombre, lo tuyo es una venganza
Y seguro que el día que te lo pusieron
tu padre estaba borracho
y tu madre estaba de guasa»

Lo que ocurrió más tarde fue tan bonito de ver que no podré contarlo con palabras. Jose y yo lo habíamos hablando varias veces y el resto del equipo estaba entusiasmado. Había llegado el momento de que lo supiera el interesado. Nos vamos a la radio y allí nos reunimos con los Mojinos. Miguel Ángel y Zippi nos cuentan su vida: sus mujeres, su trabajo, sus historias. Miguel nos cuenta que en el famosos Show de La Jungla del Poble Espanyol el que nos dio la cinta fue Chicho porque él no pudo ir. Miguel trabaja como «empalmador» (menos bromas, guarros) en Telefónica en Barcelona y cuando iba para el show (recogió el mismo las invitas en la radio) le llamaron: una torre se había caído y tuvo que ir a repararla. Eso fue un viernes. Al lunes siguiente, Jose puso la cinta en el programa. Miguel Ángel estaba haciendo otra reparación en una zanja, llovía y tenía barro hasta las cejas. La música, el grupo, era una ilusión, una utopía bonita que no parecía que iba a pasar de un inalcanzable sueño para los amigos del Bar El Pirata. Cuando de golpe escuchó en su programa favorito su voz, y a la vez que él la escuchaban millones de personas le dio por llorar, y así se pasó horas.

De verdad que si alguien se merece triunfar en este mundo son los Mojinos, y al final lo han logrado (en el momento de escribir esto ya han llegado al disco de oro). Por su modestia, por su sencillez, por su falta de pretensiones y –sobre todo– porque son sanos y muy, muy, pero muy buena gente.

Y con estas historias y otras cosas (canciones nuevas, chistes) pasamos un rato largo hasta que Jose le da el susto: «quiero que te incorpores a La Jungla». Miguel se queda blanco. Él, el tío que tiene más salidas que el metro, que siempre tiene una frase graciosa dispuesta para cualquier situación.... se queda mudo. Supongo que después de lo que os he contado no hace falta que os diga la ilusión que le hizo, y sabiendo como es no os imagináis lo que llegó a hacerse el chulo: «Hola compañero», «Pues yo estaba en un grupo que no sé ni qué nombre tenían pero ahora ya soy una estrella...» «Zippi ve un poco por detrás mío no nos echaran fotos». Lo dicho, tiene más salidas que el metro.

Jueves 6. Mojino en la Complutense

Me cuentan que esta es la universidad de Madrid por excelencia, la Complutense. En el Aula Magna de Periodismo hacemos el programa ¡¡Y no entra gente ahí!! Fer y yo estuvimos como media hora para ir al baño.

Aquel día descubrimos una nueva novia del Pulpo, una tal Virginia que yo no tengo el placer de conocer pero tiene un par de buenos dientes. Se lía. Yo le digo a Carlos que si quiere se la llevo a mi padre para que le arregle la piñata y deje de rayar los suelos. Acto seguido Abe se lanza contra mi y dice que menudo dentista debe ser mi padre si yo tengo los dientes que tengo (los tengo como perlas, es decir, escasos). Harto de humillaciones, me lanzo, me meto en un tema tabú y desvelo porque Jose Antonio nunca se quita los auriculares cuando hacemos programa: porque no le caben las orejas en el aula. ¡Vaya dumbas tiene el de Ávila! Y así pasamos el rato.

Hacemos oficial el fichaje de Miguel Ángel, quién recibe emocionado un regalo sorpresa de Jose: una cazadora, una polo y una gorra de La Jungla. Fer y yo protestamos: Miguel Ángel ha conseguido en 24 horas lo que a nosotros nos ha costado un año. Le nombramos A.

Viernes 7. A Parla

No puedo deciros que la gira de Universidades tuviera un final brillante, porque fuimos a Alfonso X El Sabio, en Villanueva de la Cañada aunque en realidad nos fuimos todos a Parla porque a los pocos minutos de empezar la línea se cortó y nos quedamos colgados. No pudimos hacer el programa y no sabéis el mal rollo que da que te pase esto ante mil tíos que han madrugado para verte.

Peor le fue a Parejo, que le pilló la movida en un taxi que le traía a la Universidad y no pudimos avisarle ¡¡Menudo rejón le pegaron!!

Lástima, porque el programa no iba mal. Empezamos con Abellán que como toda la semana conduce la furgoneta del equipo. Si en la Complutense le pegó una buena rayada contra un muro, el Alfonso X se sube sin darse cuenta a un cacho bordillo en el que se deja la mitad del motor. Y por antena siempre le echa la culpa a Whopper. En la presentación El Pulpo desvela un secreto: «yo estudié aquí hace muchos años» (Alfonso X El Sabio es la universidad más reciente de Madrid y se inauguró en 1995).

Lunes 17. ¡¡Fallas!!

Nota B: en este y sucesivos lunes repasamos la impresionante trayectoria liguera de nuestro equipo B, el Carboneras (Almería) que cerrará la temporada con un impresionante bagaje de cero victorias, cuatro empates, treinta y tantas derrotas, nueve goles a favor y más de cien goles en contra. Nuestra insistencia será tal «El día después» de Canal+ les acabará dedicando un reportaje.

Por fin llega la semana de Fallas. Este mismo lunes tenemos sorpresa. El viaje le tenemos previsto para la tarde, pero Jesús Wolstein (Coordinador de la 100 en Valencia) ha conseguido que en pleno balcón del ayuntamiento y para dar paso a la Mascletá del día se vea un espectáculo que dejará más sordos los oídos valencianos: ¡¡El Pulpo va a cantar!!

Jose se cambia el vuelo y yo decido ir en coche para intentar llegar a tiempo de verlo. Tengo que darle caña al coche pero... me pillan. A la altura de Castellón me para la Guardia Civil. El agente se me acerca y se queda sorprendido: «tiene usted razón, póngame la multa porque si le cuento porque corro tanto me va a encerrar porque creerá que estoy borracho» ¡¡Cómo voy a decirle a un representante de la autoridad que tengo que estar a las dos en el balcón del ayuntamiento de Valencia con Rita «Power Ranger» Barberá para oír cantar a un tipo que se llama «El Pulpo»!! A pagar y dando las gracias de que no me retiren el carnet.

Llego a Valencia y me voy para el ayuntamiento. El gentío es impresionante, las calles están colapsadas de gente. Va a ser imposible llegar hasta el ayuntamiento. De todas formas veo una puerta lateral en el edificio consistorial. Me meto dentro, subo unas escaleras, paso una puerta y... estoy en el balcón del ayuntamiento y nadie me ha preguntado ni se han percatado de nada ¡Tremenda seguridad!

El Pulpo canta pero no se le oye bien. La gente se queja. Las primeras filas le siguen y así toda la plaza acaba cantando antes de que empiece la Mascletá. (eso si es una descarga)

Luego la recepción oficial. En la puerta de entrada un funcionario pide pases (menos mal) y luego hay una segunda puerta ¿Quién se coloca ahí? Carlitos Moreno. A cada personaje que entra le dice algo: «no pisen el cable», «cuidado con la lampara». Son políticos y personajes de la vida valenciana la mayoría de los cuales no tenemos el gusto de conocer. Pero veo que se acerca Abel Matutes, el ministro de Exteriores ¿Se atreverá? Abel Matutes entra y el Pulpo va haciendo como reverencias con la cabeza y diciendo «Scracs, scracs» constantemente. El bueno de Matutes le mira sorprendido y va contestando «Hola, hola» a todos los «scracs» que le hace Carlos. ¡Estamos en la recepción oficial de las Fallas y este tonto vacilándole al ministro de Exteriores!

Siguen entrando personajes, entre ellos un tal Abellán al que no hicimos mucho caso. Pero de golpe y porrazo entró no un personaje sino una leyenda, un mito, un referente cultural para varias generaciones entre las que nos incluimos los componentes de la Jungla. Entró.... ¡¡¡¡Chanquete!!!! Ahí se acabaron los vaciles y las tonterías y German, Pulpo, Wolstein, Maite (100 Valencia) y yo le presentamos nuestros respetos, nuestra admiración y estuvimos tanto rato como pudimos con él. Incluso le sacamos al balcón para que la gente le cantara lo de «Del barco de Chanquete, no nos moverán..».

Después de zamparnos la primera paella de estos días nos vamos al hotel, al NH de siempre dónde por suerte ya nos conocen y no asustan de nada. El Pulpo y yo vamos a pedir la llave y dice: «soy joven, no tengo novia y últimamente no me como un colín, si veis algún tema interesante dadle el teléfono de mi habitación». Y luego le sigo yo: «yo en cambio tengo novio, pero no vamos muy bien, ya sabes dónde estoy hermoso» (el recepcionista se quedó helado).

A media tarde llegan Fernando, Patricia y Whopper. Éste me cuenta la última de Fer. La azafata del vuelo le ha dado un periódico y al darse cuenta de que es ciego le dice:

La Jungla en directo, desde una Falla.

«uy, perdón» a lo que Fernando contesta: «no se preocupe señora, estoy aprendiendo pero por ahora sólo leo sellos».

Cenamos en plena calle con el peligro que ello conlleva en Fallas. Nos fríen a petardos en todos lados. El que va más cardiaco es Fernando ya que le explotan sin poder verlos venir. Al primer petardarzo grita «Veo, veo, me he curado». Al segundo: «esto es Albania, a las trincheras» y al tercero cogemos un taxi para el hotel. ¡¡Qué B!!

Martes 18. En la calle

Que yo recuerde es la única vez que hemos hecho un programa en la calle, aunque tal vez repitamos algún día. Lo que no creo que pase nunca más es que hagamos el programa en un estudio de radio montado en una falla en la cual hay «ninots» que representan a los que hacemos La Jungla.

Aquel día la sorpresa la da Hilario Camacho, que le pide al Pulpo que le acompañara con la flauta en «Al Final Del Viaje», la sorpresa es porque lo hace bien. ¿?

Otra a Abellán: le doy un papel con un móvil «Me lo ha dado uno de deportes de aquí y me dicen que es el de Fernando, el jugador del Valencia (esta noche juegan con el Shalke 04)» Abellán llama y se pasa un par de minutos hablando con el tal Fernando hasta que se da cuenta de que en realidad es El Pulpo desde el otro lado de la Falla.

B, más que B.

¡¡Torero!!

Y acabando el programa una nota B. La falla está situada justo en frente de la plaza de toros y a esa horas y en esos días está abierta a visitantes. Total que dos chavales se suben al tercer piso y allí cuelgan una enorme pancarta que pone. «Me Siento B. Perdón por existir». Nuestro lema, nuestra gente se manifiesta oprimida y desafiante. No busquéis esa foto en el libro, cuando fui a coger la cámara ya se habían ido ¡¡Qué B!!

Miércoles 19. Adiós Valencia. Adiós Fallas

Seguimos en Valencia todos menos Abellán que se va a Madrid. El programa lo hacemos en la radio pero hay tal cantidad de gente abajo que se hacen turnos para que cada diez minutos suba un grupo de 30 personas para vernos un rato.

Viene Francisco Camps, un tío de 34 años que a su edad ya es Conseller De Cultura de la Generalitat Valenciana. El Pulpo le pregunta con su semblante más serio: «Señor Conseller, vengo observando últimamente que por estas fechas en Valencia siempre hay fallas en la calle ¿Es esto premeditado o casual? ¿Y a qué se debe?» No se puede esperar otro nivel para alguien que viene sin dormir tras toda la noche pinchando y que luego le preguntará a Miguel Dantart en qué se inspiró para componer «Debajo del Puente» (último single de Pedro Guerra).

Más tarde El Pulpo y German vuelven a ver la mascletà en el balcón del ayuntamiento junto a otros famosos como Nieves Herrero (que se reconoce oyente de La Jungla). El aire se llena de virutas por la quema, todos se las sacan de encima con la

Kafort.

ayuda de Carlos que va dando collejas a ministros, consellers, guardaespaldas, etc. con la excusa de las virutas.

Por la noche se quema la falla y no pasa nada B. Fernando y yo ya no estábamos, claro.

Jueves 20. «Puras pérdidas»

El equipo está partido en Valencia, Madrid y Barcelona y ese día nos visita la simpática Amparo Sandino. Como además de simpática es muy guapa el Pulpo siempre le tontea, pero esta vez se pasó de la raya, porque a una mujer así no se la vacila, muerde. Amparo con su dulce acento lanzó la mejor definición jamás oída de tan curiosa personalidad al decirle «Pulpo, eres puras pérdidas», apodo que le acompaña desde entonces. Como desde entonces Whopper lleva otro encima: «El Rebufo» o «El Carroñero» que no sé muy bien de dónde sale aunque me dicen que tiene algo que ver con una agenda de teléfonos de troncas que perdió El Pulpo y luego apareció cerca de un teclado.

Viernes 21. ¡¡Vuelve el Show!!

Por fin volvemos a la carretera, aunque sea un poco B. Llegar a Albacete me cuesta horas y esfuerzo: a Madrid en avión y luego alquila un coche que al día siguiente te vas por tu cuenta (tengo una boda) Por supuesto el coche es categoría B. Voy muy contento, tengo el monólogo ya bien preparado después de las primeras pruebas. Me he hecho una copia impresa en ordenador y encuadernada. Lástima que al llegar a Albacete me doy cuenta que me lo he dejado en Barcelona. ¡Qué B!

En Albacete el montaje va con un ligero retraso y por ello pasamos un buen rato charlando en el camerino. Allí Carlos nos cuenta que en el Show De Villalba fueron a verle sus padres con un matrimonio amigo ¿Y qué hicieron cuando te desnudaste y te quedaste en calzoncillos? «Como mi padre es arquitecto le distrajo enseñándole detalles de la construcción del pabellón en sentido opuesto al escenario, y cuando miró le dijo «no, si mi hijo es el batería»». La que recibió aquel día fue Patricia que llevaba un vestido gran parte del cual era amarillo chillón. El Pulpo le dijo «te pones así para que te vean desde Alicante». Y Abellán «como mees en la carretera se van a creer que hay obras».

A todo esto el Show de Albacete ha sido de los mejores que hemos hecho, de verdad. Aunque nada sea comparable a lo que ocurrirá después. Al acabar vamos a un bar a cumplir nuestro compromiso de la noche Heineken. Aunque nuestro bolo allí es secreto la voz se corre en seguida y se pone hasta la bola. Pero esta vez algo cambia. Al acabar, Jose deja a Fernando improvisando y cantando al piano y Abe, Pulpo y Patricia se van a la carrera. Total, nos quedamos solos Fer, Muñones, Whopper y yo (y el resto del equipo de la gira), y todo ese público para nosotros. Fernando se lía solo y ahí nace: El Show B. No sé cuanto, pero me parece que son un par de horas o tal vez más las que estamos cantando –es un decir– y bailando –es un figurar– varios clásicos de barra que son entonados al unísono por todos los allí presentes sin importar razas, ni culturas, ni tonos, ni harmonías. Una ceremonia etílica que termina por puro agotamiento físico y vocal pero que es –en boca de todos los testigos incluidos componentes de la A– la noche Heineken más loca de las que ha habido y habrá, ya que nunca la repetiremos, nuestros hígados no lo permitirían.

Luego llegarán las vacaciones de semana santa. Hay que descansar, porque la recta final de la temporada (una vez liberados de la televisión) será durísima.

ABRIL 1997

Martes 1 de abril. Se acabaron las vacaciones

Si hay dos poblaciones que podemos calificar de «damnificadas» por los oyentes de La Jungla son Parla y Sanchidrián, que han sido mencionadas con profusa reiteración durante estos meses, para el asombro de sus habitantes que no entienden el porque de tanta mención. Aunque tal vez no sea necesario, queremos dejar claro desde aquí nuestro más grande respeto por dichas villas cuya mención es meramente semiótica y cuyo uso en ningún caso se pudiera relacionar con posibles defectos de las mismas. Y todo esto lo suelto porque ese día llega un fax al programa que pregunta «¿Qué pasa con Sanchidrián?» y aunque por fax no se denota el tono de la pregunta, esta parecía llevar cierto cabreo intrínseco.

Los días van transcurriendo, las pilas se cargan de cara a la última etapa del Show De La Jungla. Aquellos días nos sirvieron para volver a centrarnos en la radio tras el «machaque» televisivo. Abellán, además, empieza a darle vueltas a una idea: dejar los shows en directo durante un tiempo. Aquellos son también los días de Luixi Toledo, un cantautor imposible que afirma que en otra vida conoció a Michael Jackson y éste le ha plagiado alguna canción.

Jueves 10 de abril. Los Premios de la Música

Hoy es un gran día para la música de este país. Por primera vez los auténticos profesionales de la música, es decir, los músicos, han montado unos premios y a su elección van a escoger a los mejores artistas del año en sus categorías. Y para darle empaque al asunto esta noche se organizan en Madrid la entrega de estos «Premios de la Música» en el Palacio de Congresos. Cadena 100 va a retransmitirlos en directo y se decide que la media hora previa al acto la realicen los componentes de la Jungla. Abellán y Fernando en una cabina y Pulpo y yo con inalámbricos para recibir y entrevistar a los famosos.

A poco rato de irme para Madrid me llama Whopper: «Casoliva, vengo a buscarte al aeropuerto con una furgoneta» «¿Para qué?» Dije yo. «Pues Jose quiere que El Pulpo y tu recibáis a los artistas con una cabra y hay que ir a buscarla a Socuéllamos. Me acompañas tu y así la recogemos entre los dos». «¡Pero Whopper! ¿Cómo te puedes creer eso? ¡Te la han vuelto a colar!»

El Pulpo, «ayudando» a Hilario Camacho, en Santander.

Prestos y dispuestos me encuentro en la recepción del Palacio de Congresos. Faltan pocos minutos y Carlos y yo ya estamos preparados para recibir a los famosos. En ese momento veo dos grandes amigos: Javier Pons (Director de Los 40 Principales) y Luís Merino (Director De Radiofórmulas de la S.E.R.). Voy para ellos, se ríen, y en aquel momento les devuelvo algunas de las mil bromas que me gastaron los años que trabajamos juntos. Cojo los auriculares, se los acerco a Luís y digo: «Abellán, te escucha Luís Merino, responsable de las Radiofórmulas de la SER que por primera vez habla para los micrófonos de la Cadena 100» Se queda blanco, pero cuando se pone los cascos se dio cuenta de que era una jugarreta que no sé si me habrá perdonado todavía.

Las entrevistas van pasando. Las aprovecho para saludar a viejas amigas como Ella Baila Sola mientras Carlos las aprovecha para intentar ligar (Rebeca). Jose me pide a Presuntos y como hay confi y veo a Sole –su cantante– a unos veinte o treinta metros de mi le pego un grito: ¡¡¡¡Sole!!!! Se gira toda la recepción de famosos ¡Qué vergüenza!.

Entrevistamos a cantidad de famosos pero con el trajín se nos escapa alguno que se mete en una zona VIP dónde no pueden entrar más que artistas y la prensa no tiene acceso. Pero El Pulpo no es prensa ¡Vaya numerito le monta al seguridad de la puerta!. Que si estoy con un beca, no he podido entrevistar a nadie, que me van a echar y tengo dos hijos que alimentar, por favor. Se pone incluso a llorar y acaba siendo el único medio de comunicación que consigue acceso a la zona VIP.

Empezada la ceremonia nuestro trabajo acaba y nos vamos a cenar y luego a dormir. O al menos eso creo yo, porque luego sabré que Fernando se pasa toda la noche en la radio ensayando algo que preparó con Whopper para nuestro invitado del día siguiente: Kenny G.

Viernes 11. Derroche de arte

Llegó el gran día anunciado desde hace semanas. El gran duelo pulmonar y armónico entre dos grandes: Kenny G y El Pulpo, un Pulpo que de entrada se mosqueó un poco al ver el despliegue de medios que traía Kenny G consigo.

La entrevista empieza y arranca normalmente, Kenny G toca un par de veces, pero el duelo no llega. Entonces –a punto de acabar– llega la sorpresa. Whopper y Fernando le han preparado una sorpresa a Kenny: una versión de «Don't make me wait for love» que cantan en el estudio. Kenny se queda alucinado y cuando le llega el turno se pone a tocar como loco, pero no cuenta con su rival, el Pulpo. Él –para no ser menos– se ha traído una maleta enorme y metálica, la abre y de su interior sale su insignificante flauta. Primera sonrisa. La coge y se dedican uno y otro a improvisar: Kenny da una nota con el clarinete y Carlos le responde con otra con la flauta ¡¡Y no queda mal!! El resultado es precioso y Kenny G exclama «you've got the talent here» (tenéis aquí el talento) y justo antes de irse dice: « a todas las personas del mundo: Carlos y Fernando son lo mejor».

Programa en Lejona.

Sábado 12. «El Show De La Jungla» empieza el sprint final

Ya es seguro: el Show de La Jungla acabará esta temporada y descansará –como mínimo– un año y medio o dos. Son muchos años de carretera, de vivir al límite, de no tener fines de semana libres y ya nos ha visto la suficiente gente como para que ahora todos –vosotros y nosotros– podamos descansar. Tan sólo volvería en caso de que surgiera alguna oportunidad de ir a la única zona de España que no hemos visitado y con la cual tenemos una deuda pendiente que nos gustaría saldar a nada que nadie nos ayude: Canarias. Cuando esté libro está prácticamente en imprenta saldaremos parte de nuestra deuda viajando a Gran Canaria. Ahora sólo falta Tenerife.

El Show acabará con el sprint final que nos llevará hasta junio, y que empieza este fin de semana en Ciudad Real. De entrada un invitado: Miguel Ángel Rodríguez (Mojino). Como parte de La Jungla ya lleva varios días con nosotros en la radio, bueno, conmigo porque entra desde Barcelona. Pero le falta conocer y vivir el Show desde dentro. Verlo bien visto y empezar a tratar con todo el equipo (porque luego le liaremos para que se vengan más de una vez). Total, que Miguel y yo nos vamos juntos para Madrid.

Desde Madrid saldremos en autocar. Cuando Carlos sube, me ve y dice «¿Quién es este?» ¡¡Y es que llevo lentillas!! Pues no voy a gusto ni nada yo con esos bichos.

Al llegar a Ciudad Real, el programa habitual: agüita, comida y siesta. Luego prueba de sonido y si sobra tiempo –que suele sobrar– una escapadita para picar algo cerca (qué bueno es el bocata de magro). El Mojino que llega al pabellón y se queda blanco cuando ve el guión del show: «Miguel Ángel Rodríguez–Jerónima» Le digo yo: «¿Que paha? Ya irás conociendo a Abellán y sus sensas, ya te ha liado ¿Qué te da miedo o qué?»: Y me dice: «No, pero yo cuando canto no fumo y hoy ya llevo un paquete». Manías.

¿Os acordáis de nuestro gruppi José Luís Roz? Un gran amigo que nos acompaña a muchas Junglas y que en Ciudad Real nos regala las camisetas B. En una se nos ve a Fernando y a mi agarrados a la fregona que define mis monólogos y mi papel en esta vida, y en la otra estoy yo solo con mi imagen más horrible con una tía estupenda al lado desnudita del todo (no es que fuera borracho y no me acuerde de aquello, es que es un fotomontaje).

En aquel show cantamos por primera vez «Don't dream it's over» y «La luna y el toro» y el Mojino debuta con nosotros (está que no se lo cree con todo el pabellón coreando «Jerónima»). Luego hicimos una buena descarga por Ciudad Real con este bagaje de víctimas:

– 1 camiseta de la jungla

– 1 calcetín sudado de Miguel Ángel

– 5000 pesetas para el catalán (una apuesta es una apuesta)

– Desfase en la Zona del Muelle (bares) coincidimos con una boda en la que todo son oyentes y suerte que la chica llevaba el vestido de novia porque el Pulpo ya le había echado el ojo.

– 1 problema con el hotel: en la habitación de Carlos Moreno consta que sólo hay un hospedado y en cambio se encargaron dos desayunos ¿Quién lo entiende?

Y para terminar: movida B. A la mañana siguiente (domingo 13) estamos todos desayunando y se dice. «subir a recoger el equipaje y nos vamos en el autocar». Subo, recojo, bajo y .... no había nadie, ya se habían ido. Llamo al móvil de German y sospechando que es una broma le digo: «German ¿no te has dejado algo?» Y oigo: «¡¡Coño nos hemos dejado al catalán otra vez!!» Risas, media vuelta, me recogen y todavía aguanto más risas en el resto del trayecto (que incluye una bajada del autocar de Carlos para torear a un perro con su camiseta).

Martes 14. La semana de Cantabria y Euzkadi

Buenas perspectivas. El viernes hacemos el Show en Bilbao, lo esperamos con ganas porque en esta tierra siempre hemos funcionado especialmente bien. Para aprovechar el viaje haremos el programa en universidades de Bilbao el jueves y viernes y ya que estamos el martes nos vamos a Santander para hacerlo el miércoles. Y yo pienso aprovechar toda esta movida para buscar algún rinconcito en Cantabria dónde meterme con la familia para pasar el verano. Para ello cuento con el Suzuki Alto, un coche pequeño pero cañero que es nuestro patrocinador de la gira y que nos dejan a cada ciudad a la que vamos.

Ya conocéis a nuestra anfitriona en Santander: Cristina Jimeno, pero las cosas han cambiado desde la última vez que estuvimos aquí. No parece haberse tomado muy bien algunas bromas lanzadas por antena por los componentes de La Jungla B, es decir, Fernando y yo. Imitarla el acento, hablar de todos los mil y un conciertos que monta en su programa Imaginarock, todo un referente cultural juvenil para el nuevo rock en Cantabria que nosotros hemos rebautizado como ImaginaBarra –el programa + B– ya que a Cristina la llamamos barra ¿Por qué? Mi decoro y educación me impiden desvelar secretos íntimos de nadie y menos de una señorita de buena familia como ella (aunque por la ropa que lleva parezca otra cosa). Tampoco parece que le haga ninguna gracia a la chica que alguna llamada del tipo: «oye, que quiero que le gastéis una broma a...» la hayamos desviado a su teléfono directo en el estudio de Cadena 100 Santander «Llama a esta chica porque ella es la encargada de la distribución de las llamadas..»

Su venganza ya había empezado cuando semanas atrás llegaron algunos faxes en mi contra que acabé averiguando que habían sido mandados por ella. Pero al llegar a Santander me encuentro con más: en el anuncio de prensa del programa de mañana se me anuncia como «el catalán más B». Al día siguiente me enteraré que lleva semanas lanzando proclamas por antena para que nadie en el programa nos ría ni nos aplauda a Fernando ni a mí ¡Qué bajeza!

Otro que llegará escaldado a Santander es Carlos. Al bajar del avión con Hilario Camacho le llamo al móvil y le digo –muy serio– que Abellán ha pillado un rebote por una serie de cosas y que mañana no hacemos el programa. En cuanto llegue al

Programa en Bilbao.

hotel le espero con un coche de alquiler y nos volvemos a Madrid. Como yo no suelo gastar este tipo de bromas se la tragó por completo y estuvo un largo rato agobiado ¡Al pobre Hilario le habíamos hecho ir a Santander para nada! Lo bueno es que llamó a German –que no estaba conmigo– y se lo confirmó todo.

Otra: llegan los Mojinos que estarán con nosotros toda la semana –incluido el Show– ya que cada vez lo pasamos mejor juntos y les consideramos parte del programa. Miguel Ángel está sin maleta, y le va a costar unos cuantos días recuperarla. Total, tampoco suele cambiarse de ropa (dice que le basta con darle la vuelta a los calzoncillos).

Miércoles 16 de abril

Nos espera el Aula Magna Gerardo Diego de la Universidad de Cantabria. Por allí pasarán el rector y un par de representantes del gobierno de Cantabria con los que yo trato de prevaricar para conseguir algo arregladito para el verano, pero no hay caso.

El programa es un desmadre –algunos amigos nos llaman para decirnos que es el mejor que hemos hecho fuera– con la «interpretación» del «Don't make me wait for love» sin Kenny G y con el Pulpo, la actuación de Hilario Camacho y un auténtico triunfo de Mojinos Escozíos –vuelven a quedarse sin camiseta– que volverán a Santander un par de veces más (cargados de monedas de cinco duros). Lo de estos chicos se está haciendo grande ¡Y mira que cuando empezamos todo el mundo nos dijo qué estábamos locos por apoyar eso!

Por cierto, al cerrar el programa Fernando lanza una de sus mejores frases en la radio: «Estamos muy contentos de estar en este centro de Interflora, lo digo por la cantidad de capullos que hay».

Al volver al hotel –el precioso «Palacio Del Mar»– Abe y yo nos quedamos un rato charlando en recepción. Al cabo de poco oímos que alguien toca el piano de bella forma ¿Qué pasa? Al bajar vemos que es Whopper, y encima del piano tiene el móvil. O sea, ahora se dedica a llamar a sus troncas y tocarles canciones de amor por teléfono. Este chico está desmandado, con lo tímido y apocadito que era hace poco y ahora pretende quitarle las pibas al Pulpo.

Nos vamos a Bilbao en furgo, dándonos gritos los unos a los otros. Total, nadie duerme. Llegamos. No quiero engañaros: a partir de aquel momento y aquel día todo fue muy B. El bueno de Javi Llanos (100 Bilbao) nos había colocado en un hotel precioso pero nadie le dijo que estaba en plenas reformas y para moverte tenías que pedir permiso. Luego nos dan el Suzuki Alto –perfecto– y nos pasamos una hora de reloj para encontrar el restaurante. Tras ponernos las botas –en Bilbao comer jamás puede ser B– volvemos al hotel sin saber que abrimos uno de los episodios más oscuros de la historia de La Jungla. Creedme si os digo que sucedió tal y como os lo cuento. Vamos en el Alto Whopper, Fer y yo, ya al final de una avenida nos encontramos una curva suave pero curva de dos carriles. A nuestro lado un enorme camión que no tuvo muy claro la cerradez de la curva porque **se nos echó encima.** Así fue y

El Show En Bilbao.

no de otra manera. El camión se nos echó encima y nos dio un pequeño susto del que quedó más que una pequeña abolladura, y punto.

Y para rematar el día. Esa noche juega el Barça en Valladolid y el Madrid en casa con el Sevilla con televisión en directo. Pero como ya paso de Robson me voy a la cama. En el minuto 35 me llama Miguel Ángel (sevillista convencido): «Jordi, el Sevilla gana al Madrid y el Barça en Valladolid. Como esto siga así nosotros nos salvamos y vosotros campeones». Ya no pude pegar ojo. En buena hora. Para ver como el Madrid remontaba y el Valladolid nos daba un baño de mareo ¡¡Qué día más B!!

Jueves 19 de marzo

El programa es en la Universidad de Ingenieros de Deusto. Fernando baila break para sorpresa de un público que por primera vez pudo escuchar la versión «pulpera» de David El Gnomo. Iosune le dedica una canción de «cuernos» al Pulpo y Miguel Ángel Rodríguez me dedica a mi otra de sus historias (esta vez basándose en el accidente del día anterior) y mil historias más.

¿Alguna vez habéis visto alguno de nuestros programas cuando lo hacemos fuera? La gente al acabar siempre nos pregunta lo mismo a Fernando y a mí «¿De qué hablabais todo el rato?». Cierto. Siempre solemos sentarnos de la siguiente forma:

Los peligros del After Show.

Whopper....Mojino....Patricia....Abellán....Pulpo....Casoliva....Fernando

Como veis la B queda junta en un lado de la mesa y es verdad que estamos todo el programa diciéndonos cosas al oído y destornillándonos de risa ¿Por qué? Pues porque vamos apostillando los comentarios, comentando nosotros mismo jugadas propias, y sobre todo metiéndonos mucho el uno con el otro... Si alguien nos oyera nos tomaría por locos porque nos pasamos mucho al darnos caña, pero como podéis ver (o podríais si vierais algún programa) nos encanta. Otra de nuestras aficiones preferidas es cambiar la letra de las canciones que va poniendo Abellán o canta Patricia. Pero hay que ser muy B para entender la dureza de esas bromas internas que Fer y yo nos dedicamos por lo que permitidme que omita reproducirlas aquí: sabemos reírnos de nosotros mismos y nuestros defectos, pero no sé si todos lo entenderían.

Volviendo al hotel con la furgoneta del equipo Carlos va tocando la flauta por todo Bilbao ante el estupor de los transeúntes. Luego nuestra guía Amaya nos llevará de tapeo y buena comida por el Casco Viejo.

Viernes 19 de abril. Show en Bilbao

Por la mañana volvemos al Aula Magna de la Universidad de Lejona, convocados por la asociación estudiantil E Media que –como siempre– nos cuidan de lujo. Ellos nos trajeron a este lugar hace casi un año, en el que fue el primer programa fuera de la radio al que yo asistí con La Jungla y dónde descubrí placer personal y radiofónico que ello supone si se lleva bien. Recuerdo que tras el programa de Lejona del año pasado me convertí en una especie de mosca cojonera que constantemente decía: «tenemos que hacer más programas fuera, tenemos que hacer más programas fuera»(si llego a saber que me harían tanto caso me callo).

Por la noche llega el desmadre. Más de cuatro mil personas han acabado con las entradas para el Show de hoy que será tan eléctrico como todo lo que hacemos en Euzkadi. Un gran sonido, la banda a tope, los Mojinos pletóricos (casi ni se les oye la «Jerónima» debido a los coros de la gente). Impresionante. Y luego: non stop. Cena rápida, autocar (que El Pulpo se encarga de llenar de orcas) y nos vamos al pub «Congreso» dónde tuvo lugar hace ya más de dos años la primer edición del Show De La Jungla ante poco más de doscientas personas (no caben más) ¡¡Cómo ha cambiado todo en esos dos años!!

Es el lugar perfecto para otra buena noche Heineken ya que el cansancio no nos puede. El éxito del Show y el recuerdo de aquellos otros tiempos nos ponen las pilas. La B cierra el espectáculo –más sobriamente que en Albacete– y la noche se alarga bailando una versión salsa de «Lady Laura». Pero lo cierto es que nos retiramos pronto. Al día siguiente hay que madrugar: todos se van a Madrid menos el menda que pasará el sábado en Cantabria buscando casitas para el verano gracias a la «devora kilómetros» Cristina Jimeno. ¡Gracias Barra!

Toni López, de Los Centellas, en Cáceres.

Lunes 21. Empieza otra semana loca

Estamos en la recta final de la temporada y la máquina va a tope. Nos reclaman todas las emisoras de España y no paramos. El programa de la semana es: martes Murcia, miércoles Barcelona, jueves Madrid (Complutense), viernes Cáceres (programa y Show) y Córdoba el sábado. Increíble pero cierto.
Llegamos a Murcia ¿No podían poner el aeropuerto más lejos? Por la noche nos reunimos todos (Mojinos incluidos) para cenar en el hotel. El bueno de Jorge Plané, el Dj negro de la Cadena 100 con su «100 Mix» nos prepara una de lujo y encima nos llena el restaurante de oyentes femeninas de buen ver a las que al acabar la cena el Pulpo las chilla. «Bien señoritas, vamos a empezar el casting, pueden ir distribuyéndose por las habitaciones». A las 12 pastel: José Antonio Abellán cumple 37 años. A muchos kilómetros hay un enano durmiendo que cumple tres: mi hijo.

Martes 22. San Abellán

La locura. De verdad. La aglomeración que había enfrente al edificio principal de CajaMurcia a las seis menos cinco de la mañana era enorme. Antes de las siete el auditorio está lleno a rebosar de gente super animada ¡Qué ambiente! Así cualquiera hace un buen programa. Carlitos saca una cinta aislante de su bolsa mágica, una bolsa verde de mano que le acompaña en todos los viajes y que lleva llena de objetos

Mamá, mira cuánta gente me mira.

impensables: desde tijeras de carne a macro linternas. Con la cinta une un micrófono a su famosa flauta («no veas como pesa, parece una batería»). Canta «My way» con Patricia («no subiré mucho para no humillarla») y le pide al Alcalde De Murcia (Miguel Ángel Cámara que está en Miami) que le busque bolos por USA este verano. Descubrimos a un talento local: Elena Castillo, de Lorca. Nos toca tres temas preciosos con su guitarra (incluida una sentida versión del «Don't speak» de No Doubt).

Al salir una chica se acerca a Carlos entre ilusionada y nerviosa: «¿Os hacéis una foto conmigo?» Respuesta del Pulpo: «¡¡No me sale de los cojones!!» gritando como un orco. Quienes le conocemos sabemos que se trata de una de sus bromas habituales, pero la chica no. Se queda cortada, roja y empieza a llorar ante el desespero del Pulpo que le pide perdón en quince idiomas. Al final nos hicimos la foto ¡Faltaría más!

Luego nos vamos todos en furgoneta hacia el aeropuerto. Vamos bastante apretados porque vienen los Mojinos que en cada curva empiezan a gritar: «Pío, pío, pío». ¿Por qué? Pues por si hay un accidente y nos matamos que no digan que «se murieron sin poder decir ni pío».

En el avión zorrerita. La pobre azafata empieza a mostrar las normas de seguridad del avión con los gestos habituales y cada movimiento de brazos es acompañado por nuestros gritos: «Eeeeeh Macarena, aaah». La que está haciéndolo se ríe, pero la otra –la que habla desde la cabina– no puede aguantarse la risa y le cuesta horrores acabar la alocución.

En Murcia, con Imma, la presidenta de La Jungla B.

Durante el viaje una más. Fernando llama una azafata. «Perdone señorita, mi compañero me ha dicho que en este avión viaja el famoso José Antonio Abellán y yo soy un admirador suyo ¿Le importará pedirle un autógrafo para mi que yo estoy impedido y no se lo puedo pedir? Me llamo Fernando» Esa azafata que coge papel y bolígrafo, se va hacia Jose y le dice «Señor Abellán». Este que se mueve, estaba dormido. «Perdone ¿Podría usted firmarle un autógrafo a un señor que se llama Fernando? Está sentado en las primeras filas y es ciego». Jose que sonríe y firma. Debe recordar la de veces que ha despertado a Fernando en los aviones y la B se la ha devuelto.

Llegamos a Barcelona y nos vamos a una fiesta de cumpleaños: la de mi hijo. Inenarrable. Mientras tanto, en el hotel, Carlos y German han encargado la cena en su habitación. El camarero golpea la puerta, entra y no ve a nadie. De golpe y porrazo del armario empotrado sale una voz que le dice: «déjela encima de la mesa». «¿Y quién firma la nota?» dice el camarero un poco acongojado. Y del armario sale una mano que se encarga de eso y de darle una propina.

Miércoles 23. San Mi

Estamos en la FNAC en Barcelona. Aquí hicimos el programa el día de su inauguración y hoy volvemos ¿Por qué? Dos motivos:

1.Hoy es Sant Jordi, es decir, San Mi y no gané las 20.000 pelas del nombre del día. Como bien sabréis patrón de Catalunya. Día grande en la ciudad y por ese motivo venimos a rendir homenaje.

2.A las diez de la mañana se ponen a la venta las entradas para El Show De La Jungla en Barcelona. Por primera vez un espectáculo radiofónico en esta ciudad cobrará entrada (1200 pesetas) ¿Por Qué? Pues porque a nosotros no nos pagan compañías discográficas ni hacemos trabajar a la gente sin cobrar, sólo por eso. Si hace un año cuando montamos lo del Poble Espanyol gratis mucho nos llamaron locos («La Jungla en Barcelona no funciona») ahora esos mismos también dan malos augurios: «una cosa es que vayan gratis, pero pagando la gente pasará». Si en el Poble Espanyol les cerramos la boca con 22.000 invitaciones, esta vez todavía les dolerá más. A las ocho de la mañana ya hay cola en la Fnac para comprar las entradas. Sólo el día de Sant Jordi se venderán más de tres mil tickets ¿La Jungla en Catalunya no funciona?

Jueves 24. Complutense y ¡¡La A es B!!

El programa lo hacemos en la macro carpa de la Complutense que se encuentra en pleno Hapening 97 (la noche antes han actuado los Mojinos Escozíos). Pese a lo pronto de nuestro horario logramos reunir a más de dos mil personas en tan brillante recinto.

Al acabar Abellán comete un error histórico. Tenemos que partir a Cáceres dónde mañana tenemos programa y show. El error: subir a su coche a la B: Fernando y yo. Nuestra condición B es tan grande que conseguimos que –aunque sólo fuera unas horas– el santo y seña de la A, José Antonio Abellán, fuera B. Él, que se tiene por el rey de las carreteras de España– se pierde nada más salir de Madrid (con deciros que un poco más y nos metemos en MercaMadrid), durante un rato cogemos la carretera a Valencia, etc... Supongo que Jose no soportó bien la presión de tener a dos personajes en el coche que van gritando «la A es B» a cada error que comete, como el de pasarse el desvío de Cáceres en la carretera de Extremadura o equivocarse en la cruceta de Trujillo e incluso llegar suspirando a Cáceres porque llevamos una hora en reserva y no sabe a ciencia cierta si tendremos suficiente gasolina. Pero hay más: en Cáceres se da cuenta de que ha llevado las luces abiertas durante todo el viaje con un sol de justicia y durante el camino una chica le ha llamado para hacerle proposiciones deshonestas, el que se lo cree y ha resultado que era una broma radiofónica como las suyas. **¡La A es B!**

Tampoco tuvo desperdicio el viaje del resto del equipo. En la furgo German y el Pulpo van sentados delante y cada vez que adelantan a un coche hacen como si fueran pedaleando.

Tras darnos una buena comida la gente de 100 en Cáceres nos llevan al Eroski para firmar discos (ya ni nos acordamos de cómo se hace). Al llegar hay una tremenda cola y con el micro desvelamos uno de los grandes secretos de La Jungla que sólo contamos en estas salidas: Patricia no es Patricia, Patricia es un travestí de pelo tinte que se llama Manolo. Patri traga y más de uno durante la firma cuando paso por dónde ella la dice «gracias Manolo». Si eres mujer, estabas en esa firma y al pasar por el estand dónde estamos nosotros oíste «siete con ocho» o similar no te extrañes, es que nos gustaste (esa manía de ponerle nota a todo).

Por la noche buena sesión: en la dos el Barça de basket vuelve a hacer el ridículo cayendo en la Final Four, esta vez con el Olympiakos. En la uno, el de fútbol rompe pronósticos y elimina a la Fiorentina en un partido digno (¡por fin!) y se mete en la final de la Recopa.

Viernes 25 ¡Olé!

El programa lo hacemos en el Aula Magna de la Facultad de Empresariales en Cáceres y por primera vez vienen Los Centellas. Este grupo nos llegó hace mucho tiempo vía Toño Martín (La Jungla Sevilla) ya que eran conocidos de un amigo suyo de Utrera. El disco llevaba tiempo grabado y nadie le hacía caso. El Pulpo –que siempre ha sido y será su máximo valedor– se enamoró de ese tratamiento rítmico, vacilón y respetuoso que le dan a clásicos casposos pero auténticos y empezamos a ponerlo como locos. Tras de aquí la locura y el otro gran éxito del verano junto a «La Flaca» de «mi» Jarabe De Palo. Para todos la visita era esperada y nos sorprende mucho cuando son ellos los que sacan sus cámaras y empiezan a hacerse fotos con nosotros: «llevamos años escuchandoos». Ni que decir tiene que arrasaron como también arrasarán por la noche en el show dónde tocarán antes que nosotros para delirio de una Plaza de Toros tan hermosa como es la de Cáceres. Por cierto, que flipe hacer el show en una plaza de toros y cambiarse en unos vestuarios que huelen a ya supondréis qué. Y que bonito también acabar el show con el «Shout» y ver abajo a los cuatro Centellas levantando las manos y bailando como locos. Este buen rollo no se paga ni con todo el dinero del mundo.

Tras el show la noche Heineken (cómo entonaba Paco el clásico bolero «No sé tú»). Una noche en la que el que más triunfó fue Don Fernando Echeverría, aunque por ello pagó el precio de pasarse diez minutos buscando la puerta del hotel. Lo siento, no puedo ser más explícito.

Sábado 26. A Córdoba

Carretera y manta. Distribuidos en varios coches y el autocar habitual en esta gira, el equipo de La Jungla cierra su semana local viajando de Cáceres hasta Córdoba (vaya par de ciudades bonitas que nos cascamos este fin de semana). Yo voy con Whopper en el de Roz, escuchando lo bonita que es «Vivir sin aire» de Maná y alucinando con ciertas velocidades que me hacen exclamar. «Péinate, que salgas guapo en la foto».

Ya en Córdoba comemos con gente de la emisora y varios oyentes en pleno barrio gitano, dónde Carlos se encuentra a un gallo por la calle y empieza a ladrarle. No me imaginaba que un gallo pudiera correr tanto.

De vuelta al hotel desde el lugar de la comida con el autocar, Mister Sensa se luce. En la ciudad son bien visibles unos posters que anuncian una actuación de los Medina Azahara para la próxima semana. Hasta aquí vale. Lo que luego es más gordo que este Abellán se líe como se lía y diga: «¿Y esos carteles que son para indicar dónde se hace el concierto de Medina Azahara?» Y como supondréis –pues sois gente culta– esos carteles eran para indicar el camino para ir a la Medina Azahara. Increíble.

Por cierto, aunque estuvimos en una carpa que parecía un microondas ¡Vaya público! ¡La bomba! De lo mejorcito, la verdad.

Al día siguiente, vuelta a casa y hasta la semana que viene. Que será el mes que viene.

MAYO 1997

Jueves 1 de mayo. ¡A las carreras!

Hoy llego a Madrid molido. Anoche estuve en Figueras dónde 100 Catalunya organizó una gran noche para conmemorar el Quinto Aniversario de Cadena 100 y lo hicimos con los grupos bandera ahora mismo de nuestra programación catalana: Mojinos Escozíos y Jarabe de Palo en el Clos de Fires, fue una noche memorable que tuvo su gran momento cuando Pau Donés y Miguel Ángel Rodríguez intercambiaron las camisetas de sus respectivos grupos en pleno escenario.

En el aeropuerto de Madrid me esperan Pulpo, Fernando y Whopper. Nos vamos a Jerez (Patricia y Abe se fueron por su lado y German sigue con su furgoneta). En el avión coincidimos con Curro y Pele (Navajita Plateá). El plan de trabajo es: programa por la mañana, show por la noche.

Pero todo es especial en este viaje. Este fin de semana se celebra en el circuito de Jerez el Gran Premio de España de Motociclismo, es la gran fiesta de la moto. Yo no lo había visto nunca y vale la pena el buen ambiente. A causa de ello la ciudad está repleta y nos tenemos que ir a dormir a Chipiona, a unos apartamentos delante de la playa (evitando siempre que Whopper se bañe en el mar porque un desprendimiento de alguno de sus pólipos de grasa podría provocar una marea negra). Por ello nos alquilamos un cochecito que estrenamos por las calles de Chipiona metiendo el freno de mano cada 50 metros, ante la cara de susto de la chica de detrás. Luego nos dimos una cena de lujo en Sanlúcar de Barrameda a base de buen pescado.

Tras la cena nos encontramos con la plana mayor de los Mojinos, incluidos los padres de Miguel Ángel Rodríguez que son gente encantadora. Tras tomar unos chismes nos vamos todos a los apartamentos.

Como no podía ser de otra manera, los Mojinos duermen en el apartamento contiguo al mío (os lo digo, siempre les llevo pegaos). Con la mala suerte de que no me doy cuenta de que la ventana de mi comedor da al suyo. Total, que nos despedimos, me meto en el apartamento y cuando estoy en pelotas oigo como unas risitas tras de mi. Me giro y en la ventana de enfrente a la mía veo seis cabezas mirándome fijamente y partiéndose de risa: son los cinco Mojinos más su mánager que me están espiando desde hace rato. Pero eso no fue lo peor. Lo peor ocurre a la mañana siguiente cuando a la cinco y pico de la mañana salgo de mi apartamento y me encuentro todo el pasillo bloqueado con –exactamente– catorce macetas enormes. ¡No pueden estarse quietos!

Viernes 2 de mayo. Jerez

Reconozco mi ignorancia respecto al mundo de la moto, y jamás hubiera imaginado el movimiento humano que lleva consigo la celebración de un Gran Premio como el de Jerez o los de Montmeló. Me doy cuenta cuando veo que tanto en el programa esta mañana o –sobretodo– en el show de la noche vienen a vernos gente de todas partes de España.

Aquella mañana en el Auditorio de Caja San Fernando en Jerez –por cierto repleto de pancartas B– nos visitan personajes de lujo comandados por María José García, la mujer de las motos en Cope, una autoridad en la materia y que ha coordinado toda nuestra presencia allí junto a Antonio González (otro Junglero en la sombra), aunque María José no es la directora de la Jungla como erróneamente reproducirá un periódico deportivo al día siguiente. Por la mañana nos trae al mítico Ángel Nieto que entrevistará para La Jungla al alcalde de Jerez, Pedro Pacheco, y a otro campeón histórico: Giacomo Agostini, quién se queda –no sé si gratamente– sorprendido al descubrir en ese Auditorio a los gamberros que la noche antes montaban zorrerita en la mesa contigua a la suya en el restaurante de Sanlúcar. Restaurante al que –por cierto– cometimos el error de llevar a Jose a comer ese mismo día. Y digo error porque allí sólo sirven pescado y el paladar de Jose está reñido con él. Acaba comiendo un plato de patatas fritas ¡Cómo se puede ser así!

Por la tarde vamos a probar. Primero lo hacen los Mojinos que por primera y única vez acompañan al Show tocando con la banda al completo, y por eso se han

Fin de Fiesta en el Show De Barcelona.

traído a su propio técnico, el gran Albertus. Por cierto, a Patricia le hicieron creer que el técnico era el cantante de Medina Azahara que les había ido a ver y Patri que se lo cree y está un buen rato charlando de música con él que le sigue la cuerda.

Y por la noche el show. Como es dije todo era especial. No hubo monólogo, porque antes de arrancar hicimos un homenaje al mundo de la moto que nos encargamos de presentar María José García y yo mismo. Hicimos un montón de regalos y le dimos un merecido aplauso a los hermanos Gaviria, Aspar, Almanzora, Crivillé y un homenaje especial a ese monstruo que fue y es Wayne Rayne, paralítico a causa de una caída y que sigue vinculado con la competición ahora dirigiendo su propio equipo. A Wayne le hicimos varios regalos, pero el que más le gustó fue que Montana –guitarra en mano– le cantara con su poderosa voz un clásico country (su música favorita). Creo que conseguimos emocionarle.

Se cierra el show y a mi ya empieza a cogerme el tembleque: la semana que viene toca Barcelona. El resto del equipo pasa el fin se semana en la Costa del Sol. Mención aparte merece la escena que se vivirá el domingo en Marbella. Esperando el tren que les lleve a Madrid, Fernando, El Pulpo y Whopper se ponen a tocar la flauta en la estación y pasan el plato para ver si les cae algo ¡Y les cae!

Martes 6. Llamadas que cortan

Sé que todos nos tiene por unos descarados, y tienen razón. Centrándonos en el tema de las llamadas, José Antonio –como habréis notado– no se corta ante nada y sea quién sea el interlocutor sabe por donde entrarle para darnos unas risas. Así pues, parece que nada ni nadie puede dejarnos cortados y sin saber qué decir. Bueno, pues os equivocáis. Ha habido dos llamadas en nuestra historia que sí lo han hecho.

La primera la hicimos hace tiempo. Era el cumpleaños de un señor. Le llamamos, le gastamos la broma y nos acabó pillando. Entonces comentamos un poco la jugada con mucha risa y llegado el momento pregunta. «¿Quién os ha llamado?» Y dice Jose: «Pues escucha». Y el mensaje suena una voz de mujer: «Soy tal y quiero que el día tal felicitéis a mi amigo X...» Y en ese momento se corta la llamada –o eso creímos nosotros. Le volvemos a llamar, y cuando descuelga no nos deja ni hablar y dice: «Vale, vale, Jose gracias, ya lo he oído» como queriendo cortarnos. Y en ese mismo momento una voz femenina –se supone que su mujer– se puso al otro lado del teléfono en un supletorio y dijo: «No, no. Por favor, vuelve a poner el mensaje, vuelve a ponerlo que quiero escucharlo». Su voz no denotaba buen humor si no más bien todo lo contrario, en esa casa se había montado una buena zorrerita por culpa de la voz femenina del mensaje, así que los que colgamos fuimos nosotros y nos quedamos más que cortados.

La otra llamada se produce hoy martes. De nuevo tenemos un encargo por un cumpleaños. Llamamos, suena el teléfono y descuelga una señora. Abellán dice: «señora tal, por favor?» Y ella va y nos suelta: «Manolo, cuantas veces tengo que decirte que no me llames a casa, que está mi marido y nos puede pillar». Abellán se calla unos instantes y sabe salir: «Señora, me deja usted cortado, no soy Manolo, soy...» y siguió la broma. Lo que me choca de esta llamada es que luego sigue con normalidad: le hacemos la broma, metemos un mensaje y la mujer se da cuenta de que todo era una chufla radiofónica. Pero me extraña que cuando se da cuenta de que eso es la radio no se agobie por lo que ha dicho al principio, o tal vez ya no se acordaba...

Curioso éxito este que tienen las llamadas de Abellán ¡Cómo nos gusta meternos en las casas de los demás! Y no lo digo tanto por Jose, sino por todos los que las encargan y los que disfrutan escuchándolas cada mañana.

Jueves 8 de mayo. Se acerca el gran día

Falta poco más de 24 horas para el show de Barcelona, hay casi ocho mil entradas vendidas y estoy temblando. Rizando el rizo, hemos ido a buscar un marco distinto. La primera vez que el Show vino a Barna nos metimos en la Plaza Mayor del Poble Espanyol, un lugar precioso. Esta vez quise rizar el rizo y nos vamos a unas Carpas. El lugar es precioso: abierto, distinto, lleno de flores. Además se van a realizar unas obras de ampliación para mejorar la visibilidad y sobre todo para que la gente no esté apretujada –cuando yo veo conciertos me daba mucha rabia la incomodidad y más si pago entrada. Pero las cosas se han complicado. A mitad de remover las tierras para hacer la ampliación Barcelona ha sufrido un temporal de agua y viento que ha durado varios días. Total: la obra no puede terminarse a tiempo y lo que tenía que ser una bella explanada de flores, hierba y plantas es un lodazal que tratamos de adecentar aunque sólo sea alisándolo. Por culpa de este temporal la tierra está insegura y no podemos montar el escenario grande. Mal, esto pinta mal. Que todo sea eso.

A todo eso, los Jungleros van llegando. Fernando, Pulpo y Whopper vienen en el mismo avión y detecto su presencia por el barullo que arman en el pasillo de desembarque. Vienen con el creativo de una importante agencia publicitaria al que han convencido de que son Gomaespuma y se intercambian los teléfonos.

Más tarde llega Abellán. Gran noticia: se ha dejado las zapatillas. Yo de entrada me pongo contento (sobre todo cuando damos vueltas por todo Barcelona y no encontramos unas iguales), pero me preocupa cuando me dice que se las pone por superstición. ¡Pues entre lo de la tierra y lo de tus zapatillas ya veremos que pasa mañana!

Viernes 9. Lo que mal empieza, bien acaba

De entrada algo bueno: hoy no lloverá.

Esta mañana hacemos el programa en nuestro lugar favorito de Barcelona, el Golden Rock Café de nuestro amigo Pitu. Allí vienen los Mojinos –debutaron

Desfase en «El Pámpano» (Málaga).

con nosotros en ese mismo lugar el pasado mes de octubre– y allí debutan A Corta Distancia.

Fernando me confiesa el secreto de su éxito: cuando le pregunto por qué no lleva bastón como la mayoría de ciegos me dice «Yo es que soy un ciego Jasp». Sublime.

Pero las cosas siguen torciéndose. Las excavadoras siguen trabajando, el escenario se logra montar tras varios sustos y empiezan a colocarse sonido y luces. El trajín es tal que nos quedamos sin camerinos. La tarde en las carpas es de puro nervio: no llegan las vallas. Las vallas anti avalanchas son imprescindibles para la celebración del Show y no llegan. El chaval que debía traerlas está ilocalizable. Son las siete de la tarde, en una hora y media hay que abrir puertas y ya hay gente en la calle. Y no hay vallas ¿Y de dónde sacamos unas vallas?

Las siete y media, las ocho, las ocho y media. No hay vallas. Los nervios se desatan, está todo listo, pero no podemos abrir puertas, sin vallas no puede haber show, nunca ha pasado nada ¿Y si pasa? Difícil con el público que tenemos. Es increíble. Fuera hay más de dos mil personas esperando. En cualquier acto ya se hubiera montado un pollo en la puerta de órdago, pero no. Más de dos mil personas, las puertas que no se abren y ellos civilizadamente montan una larga cola sin un solo tumulto de más de un kilómetro ¡Impresionante!

A las nueve y cuarto aparecen unas vallas (no os digo como las conseguimos porque me denunciaría alguien). A las nueve y veinte se abren las puertas y respiro por fin. No es el marco que yo quería, no es la comodidad que yo quería, no es el escenario que yo quería, pero si será el show que yo quería. Es más –y no es por amor a mi ciudad– es uno de los mejores de toda la gira. Recuerdo lo que me cuesta hacer el monólogo ante los vítores de mi gente (me llamaban guapo a mí), el homenaje que me dan Jose y los demás en el escenario, la caña que os damos y nos dan, los gritos que le lanzamos a Robson (está concentrado el Barça en un hotel a pocos metros de dónde estamos haciendo el show). En definitiva, histórico.

Luego cena en el Golden (conociendo a Pep Garcés, el auténtico Marimón, un maestro para Fernando y para mi) El Pulpo y yo nos vamos a una discoteca a pinchar. Bendita idea. Lo hizo como un favor hacia mí y gracias a ello allí Carlos conocerá a una mujer clave en su vida: su novia. Pero eso es otra historia.

A las siete de la mañana me meto en la cama. Ocho mil personas (hemos agotado entradas), gran éxito, civismo, educación, ni una queja, ni un reproche. De verdad que no nos merecemos los oyentes que tenemos. Otro día para recordar ¡Qué suerte de profesión la nuestra!

Lunes 12. Estreno Mundial

Estrenar discos es algo que nos gusta, pero el que estrenamos hoy es ya algo especial. Se trata de una obra magna que cambiará muchos conceptos e ideas preconcebidas en el mundo de la música. Se trata de: «Mi Antología Volumen VII» de El Pulpo De Mirasierra.

Las ideas y los acontecimientos se precipitan a medida que pasan los días, el estreno se concreta y el disco se pone a la venta:

–Se pide una subvención al Ministerio De Asuntos Sociales. Este disco cura depresiones (hay alguien peor que yo)

–Se monta la gira «Jo que Corte», firma de discos por los centros de El Corte Inglés en toda España incluyendo un corte de pelo de la peluquera más famosa de Madrid: la madre de El Pulpo.

–Rosana apadrina al nuevo artista en el programa y le da buenos consejos sobre promoción, giras, hoteles («pídete habitaciones individuales»), mánagers y contratos.

–Gira por las escuelas: «cómo triunfar en la vida sin saber hacer nada»

–Y finalmente, el gran slogan de lanzamiento del disco: «El único disco que el que lo compra canta mejor que el que lo vende».

Sábado 18. Badajoz

Otra edición más del show, ahora a pocos kilómetros de Portugal. Reflexión: nos quejamos de las vueltas que damos nosotros ¡Cómo debe ser hacer una gira mundial!

En el hotel Carlos monta una de sus movidas. Llama a recepción «Oiga, no va bien la televisión, el mando no responde» Baja con el mando, se lo arreglan y al subir sigue sin funcionar. Siguiente paso: sin siquiera avisar se presenta en la recepción del hotel con el mando y ¡la televisión entera!. Se lo arreglan.

En el camerino del pabellón de Badajoz donde actuaremos esta noche, Whopper ensaya con María José (una de nuestras coristas) una vieja canción de Lionel Richie. Abellán está por ahí, mira y no dice nada ¡Malo! Efectivamente durante el show Abellán hizo que Whopper cantara por primera vez ante el público. De todos modos la mayor ovación de la noche me la llevo yo aunque sólo sea por una vez ¿Por qué? Pues porque descubrí al mundo que mi abuela era de Badajoz. Y por mucha rabia que le de a Jose, es cierto.

Martes 20 de mayo

Curiosos días todos estos posteriores al Show de Barcelona en los que me vi obligado a mentir a mis amigos para cubrir a otro amigo. El Pulpo se ha enamorado de una catalana. Curioso, él y toda La Jungla suspirando desde siempre por venir a Barcelona y cuando lo consiguen va y se enamora como un niño ¡Qué rabia le da cuando le digo que si yo no me voy a la 100 el no la hubiera conocido! En esos días viene varios días de incógnito. Si, Carlitos Moreno, el tipo del cual se han aireado constantemente todos sus ligues con su beneplácito tácito, ahora quiere que no se sepa. Esto va en serio.

La Jungla descubre un nuevo cantautor imposible: Pepe Reiro, capaz de vestirse de hawaiano para ambientar una entrevista, reconocer que la guitarra que lleva es la que regalan en el curso a distancia CEAC y decir cada dos por tres y sin rubor «cuando venda 500.000 discos necesitaré mucho equipo de seguridad a mi alrededor». Curioso personaje y curiosa entrevista:

– «¿Compones primero la música, primero la letra o «by the way»?»
– (piensa un poco y) «By the way»
– «Y por qué no sales desnudo en la portada del CD?»
– «Pues porque no quiero convertirme en un sex symbol»

Aquel día debutó también «la maquina» (así, sin acento). El ordenador del Pulpo que desde entonces se convierte en otro habitual narrador de la vida corriente en la Jungla con su peculiar acento.

Miércoles 21 de mayo. La gran traición

Siete de la mañana. Un día más empieza La Jungla. Pero algo ocurre: El Pulpo no está. Se habrá dormido. Normal, estos horarios y este trajín.

Siete y media. El Pulpo que no llega y en su casa no cogen el teléfono. ¡Qué raro!

Son las ocho. Esto ya pasa de castaño oscuro. Llamamos al móvil de Carlos y dice que no viene, que está malo. «Estoy en casa, no me encuentro bien» Pero suena como si estuviera en plena calle. «Es que tengo la ventana de mi habitación abierta» dice.

El Pulpo, a lo suyo.

Ocho y veinte. Volvemos a llamar, hay algo que nos escama. «Que no pasa nada, estoy malo pero intentaré ir para allá». El sonido de fondo es un ensordecedor ruido de calle. Éste no está en casa ¿Dónde estará?

A las ocho y media y pocos minutos llega un fax aterrador: «Abellán ¿Quieres saber dónde está el Pulpo? Pon M80» No puede ser, esto es una broma. Pero luego llega otro: «Abellán, que El Pulpo está con Gomaespuma», y luego otro, y otro, y otro. Es cierto, El Pulpo nos ha traicionado y está con Gomaespuma en directo ¿Que pasa aquí?

Al cabo del rato llama: «Abellán, ya me encuentro mejor, voy para la radio» Y cuando llega se descubre el pastel, aunque él lo niega todo una y otra vez. Por suerte Fernando está al quite y ha grabado la traición. El Pulpo se ha presentado en el programa de Gomaespuma para promocionar su disco y ha rajado de nosotros: «Abellán me quiere hundir y no me promociona», «allí no me ponen café», «La Jungla ya va de bajada». Lo emitimos por antena y el sigue negándolo todo. Pero lo cierto es que la plana mayor de Cope se reunirá en las próximas horas para tomar una determinación...... Esperamos una fuerte sanción, pero la sorpresa es que el comunicado interno que José María García nos lee dice «El consejo de administración de Cope quiere felicitar públicamente a Carlos Moreno por la defensa de las libertades que ha hecho en la cuna del felipismo»

Bueno, hasta aquí la historia tal y como la vivimos todos por la radio, pero evidentemente no fue así. A Jose se le ocurrió la idea y fui yo quién llamé a Gomaespuma, con quien me une una buena amistad desde mis tiempos en M80. Ellos son gente maja y sana, sin malicia. Ellos lo entenderán y lo entendieron a la primera. Mandar para el programa que se supone de la competencia a la estrella del nuestro era una buena forma de demostrarle a todo el mundo que las rivalidades son siempre entre las empresas, jamás entre las personas o los artistas que prestamos un trabajo a las mismas. Además la movida nos sirve a todos parra crear un buen «gag». Perfecto.

Jueves 22. A Sevilla

Aunque la A siempre es A y la B siempre B, aquel día los esquemas se tuercen un poco. En el AVE que lleva a la parte «madrileña» de La Jungla a Sevilla se produce una curiosa división cuando al llegar se dan cuenta de que los billetes son de turista para Fernando, Whopper y Patricia y en primera para Abellán y Carlos.

Abe está que se sale con la noticia, se huele que Carlos tiene un tema serio entre manos y quiere asustar de su vera a todas las mujeres que le puedan llevar a la perdición. Por ello cuando Abellán ve que la azafata del AVE es guapísima y en previsión de males mayores lo primero que le dice es: «Señorita en cuanto pueda nos trae un poco de cava que tenemos que celebrar que mi amigo ha sido padre por primera vez». Una menos.

En la estación de Sevilla les espero yo con mi mujer, que no conoce esta ciudad y quiere aprovechar para hacer turismo. «Hombre, pensaba que vendrías con la otra» dice Abellán al verla. Nos vamos a comer con Rafa y Gonzalo de Siempre Así, nuestros mejores anfitriones.

Por la tarde llegan «A Corta Distancia», es decir, José Luís y Doris acompañados de su mecenas Juan Carlos Ferretero, un gran amigo de Jose (habitual anfitrión de nuestras noches en Valladolid). Éste llega al hotel y llama a la habitación de Jose. O al menos eso cree él. En realidad ha llamado a la de Fernando, que –imitando la voz de Jose– le dice: «vete al bar y pídete una cerveza que ahora bajo yo». Son las siete y media. A las ocho y media llama a la habitación de Abellán –ahora si es la correcta– y le dice: «Jose ¿cuantas cervezas quieres que me tome antes de que bajes?»

Viernes 23. Sevilla

Otro gran día. Por la mañana el programa en el CEU de Sevilla. Por la noche el Show en el Palenque, el lugar más bonito de la Isla de La Cartuja.

Entre medias una buena comida en la que Muñones se encuentra por fin con alguien más vacilón que él. Le traen un calamar en su tinta y le dice al camarero: «¿Y esa salsa de chocolate?» Normalmente ante una salida como esta típica de Muñones la gente se queda como cortada, pero esto es Sevilla y el camarero le responde. «Es para el café, que viene luego».

Esta tarde El Pulpo firma por primera vez ejemplares de su disco en el Corte Inglés de Sevilla. Será todo un éxito, para orgullo de Abellán, «padre» de la criatura que durante la comida duda si ir o no ir a la firma. «Deberías ir –le dicen– es sangre de tu sangre». «No –digo yo– es monguez de su monguez». Al final irá.

Y por la noche. Magia, magia pura. Un show redondo lleno de momentos sublimes. Fernando tocando la guitarra. A Corta Distancia debutando en el show. Y un momento único. Por primera, única y última vez en su vida sube al escenario una mujer cuyo rostro no conoceréis nunca pero su voz ya ha quedado para la historia. Se trata de Concha, una abogada sevillana amiga de los Siempre Así y que cantó la versión de «A mi manera» en su disco «Majareta». Como un regalo para nosotros y un agradecimiento a todo lo que hemos hecho juntos, Concha sube al escenario con su marido a la guitarra para cantar un «A mi manera» que nos puso la piel de gallina a todos y lágrimas en los ojos a más de uno.

Sábado 24. Turismo Mojinero

Todos se van para Madrid menos mi mujer y yo y... ¡¡Los Mojinos!!. Nos quedamos para conocer Sevilla de la mano de un sevillano universal enamorado de su ciudad: Miguel Ángel Rodríguez.

Mi mujer se muere por ver –lógicamente– los monumentos que dan nombre y tronío a esta ciudad. Miguel en cambio tiene otra idea de Sevilla. El tema se cierra de la siguiente manera: hasta la hora de la comida mi mujer va por su lado «viendo piedras» (como dice Miguel) y nosotros nos vamos de bar en bar siguiendo la ruta marcada por los Mojinos. Nunca hubiera imaginado que Sevilla tuviera tantas plazas famosas, porque en cada una de ellas Miguel Ángel nos contaba una historia que le daba leyenda (no se si creérmelo pero bueno).

Por la noche nos vamos. Mi mujer y yo vamos sentados en las primeras filas del avión encantados por la ciudad (por la tarde el Mojino se comportó y nos dio un buen paseo). Como han llegado tarde los Mojinos van en las últimas filas, reconocibles cuando nos muestran las normas de seguridad y empiezan a entonar el «Macarena» para deshueve de las azafatas. La cosa no acaba ahí, porque Zippi y Miguel Ángel acaban cantando «Jerónima» a una de las chicas. El romanticismo se acaba cuando pillamos un ratín de baches en el vuelo y Miguel Ángel recuerda su miedo a volar. No estaba blanco, es que se le confundía con las paredes del avión ¡Qué pánico llevaba ese hombre en el cuerpo!

Miércoles 28

El Pulpo se encuentra en plena campaña de lanzamiento de su «Antología Volumen VII». Durante estos días y las próximas semanas viajará por todo el país para firmar ejemplares y montar zorreritas en discotecas. Incluso manda a su madre a alguna tienda para ver si el disco está bien colocado.

Hacemos el programa en el Aula Magna de la Universidad de Jaén (buena tierra, mucho culé). Vienen Manuel Risueño y Siempre Así. Luego nos iremos para Málaga con la furgoneta y al llegar Paco Ragageles (100 Málaga) nos prepara una buena

Patricia, cantando en Málaga.

comida. El Pulpo vuelve loco al camarero: «me trae una tila para tranquilizarme y me cruza un caracol con un foxterrier» «Perdone señor ¿Qué he pedido?»

Jueves 29

Hacemos el programa desde la emisora de Málaga, dónde conocemos a Pochola, reconocida crítica rockera de la ciudad que suele ser Presidenta del jurado de Imaginarock en Andalucía.

Luego vamos a firmar autógrafos a un.... ¡Burger King! Entenderéis que Whopper estuvo allí como en su casa.

Por la noche: zorrerita. Fiesta Junglera en el Pámpano. Fernando y El Pulpo comandan la cabina y para que os hagáis una idea del ambiente tuvimos que cambiarnos la camiseta al acabar: empapados. La noche se fue complicando, y desde mi habitación estuve escuchando risas, carreras, teléfonos y portazos toda la noche ¿Qué pasó? No sé, o mejor dicho, no quiero saberlo.

Viernes 30

Programa en el Aula Magna de la Facultad de Comunicación y Turismo. Curiosa distribución del público en tres bloques de gradas y en cada uno de los bloques presencia de orcas cuyas caras me sonaban de haberlas visto la noche anterior en el hotel ¿Imaginaciones mías? ¿Y por qué algunos componentes del programa se pusieron a temblar cuando cogí el inalámbrico y me fui hacia esas gradas con la intención de entrevistar a alguna chica representante de la bella ciudad de Málaga? No sé. No entiendo nada. Suerte que Fernando pone el broche de oro y mientras canta «Everydoby's talking» improvisa, nos sorprende a todos y coloca en dicha melodía la letra de «La Malagueña».

Y luego, a casa. Vamos a vivir el primer fin de semana libre en mucho tiempo. Ya nos toca. A nosotros y –sobre todo– a los nuestros.

JUNIO 1997

Miércoles 4 de junio

Fiesta de presentación en Madrid del nuevo álbum de Siempre Así «Cantando que es gerundio». En la fiesta Fernando y El Pulpo ven al mismísimo Padre Apeles al cual abordan.

Carlos. «Padre ¿Me puede dar los nueve sacramentos?»

Apeles: «No hijo, son seis»

Fernando: «Padre ¿Me puede bendecir que soy un impedido?»

Apeles: «Yo te bendigo»

Jueves 5 de junio

En su peregrinar por España para colocar algún disco, Carlos Moreno llega a Bilbao. Bueno antes de llegar ya la monta porque gracias a un oyente se desplaza desde Madrid hasta el aeropuerto en una ambulancia en cuyos altavoces exteriores va cantando «La luna y el toro».

Al pasar la cola del scanner para acceder al avión el pasajero anterior a a Carlos pregunta. «¿Se borrarán las cintas de vídeo?» Y el guardia le dice que no. Acto seguido el Pulpo: «¿Se borrarán los teléfonos de las troncas de mi agenda?» «¿Es electrónica?» «No, está a boli» dice Carlos. «¿Cómo quieres que se borren?» dice el guardia riendo.

Al día siguiente el Pulpo firma en Barcelona con notable éxito para deleite de mi hijo de tres años que va a verle y bochorno de un pobre viejecito que está mirando y escuchando la música un buen rato y se va diciendo: «Qué vergüenza, qué vergüenza. De quién debe ser hijo éste para que le hayan dejado grabar un disco cantando así».

Es que quién no conozca al Pulpo debe sorprenderse. Como esas dos orcas que entran esa noche en el Chic de Sant Cugat y se encuentran con Carlos «cantando» a grito pelado ante el delirio de cientos de sus fans. Las dos chicas se quedan con la boca abierta y le preguntan al Dj: «¿Qué habéis montado un kareoke a lo bestia?»

Sábado 7 de junio. El Show en Figueres

Tras pegarse una santa paliza en autocar, el equipo de La Jungla llega a Figueras para cumplir la promesa que lanzamos al aire la última vez que estuvimos aquí

Muñones, el peor técnico, pero el más simpático.

haciendo el programa: traer el Show a estas tierras.

Para empezar, un poco de gastronomía. Nos vamos al Trull Del Francesc, cerca de Figueres. Sorpresa general: los móviles digitales captan la red francesa. Primero un aperitivo, es decir, lo habitual. Luego todos empiezan a encargar segundos platos como bestias. Pero nadie cuenta con las costumbres de la tierra. Les aviso: «que yo he crecido aquí, no encarguéis segundo, que no podréis». «Va, exagerado, si lo hemos hecho toda la gira».

Primera ronda de aperitivo, y luego otra, y luego otra, y otra, y creo que fue a la cuarta o quinta ronda cuando las manos empezaron a levantarse para intentar anular segundos platos. Demasiado tarde. ¡Y vaya segundos! No traían plato, traían la bandeja entera. ¡Si hasta Montana tuvo que dejarse la mitad de la carne dando gritos de piedad!. Qué bien se come en mi casa.

De todas formas esa comida pasará a la historia por otro motivo. Tras haberle protegido de los ataques públicos de Abellán escondiendo sus constantes viajes a Barcelona, Carlos Moreno decide que ya ha llegado la hora de presentar a su «otra familia» (es decir, nosotros) a su novia oficial: Olga. Os puedo prometer que en mi largo peregrinar por esta Jungla Carlos jamás había sentado a una chica a la mesa con nosotros (su anterior novia, la que le dejó por otro, yo no llegué a conocerla), y también tengo que decir –con sinceridad– que su personalidad ha hecho que en cuestión de minutos haya sido admitida por todos los componentes de La Jungla que –desde este momento– nos convertimos en atentos vigilantes para garantizarla la fidelidad de Carlos en estos largos viajes llenos de peligros y tentaciones.

Y el Show. El de hoy es especialmente importante. La semana que viene actuamos en Madrid y Zaragoza y cerramos el chiringo por un tiempo. En el show de Madrid tenemos confirmada ya la presencia de las cámaras de Tele Cinco que quieren grabarlo íntegro. Por eso hemos decidido añadir varias cosas, y en Figueres muchas de esas cosas suenan por primera vez: «Long Train Running», «Some kind of Wonderful», «If you can't give me love» y la presencia de un nuevo guitarra, José Luís Arriaga de A Corta Distancia, un lujo que mejora más la banda si cabe.

Todo irá bien, tan sólo habrá que retocar el orden de algunas canciones. El show arranca con fuerza y por primera vez hago el monólogo en catalán, aguantando a Carlos desde la mesa de sonido. ¿Os habéis fijado alguna vez en esos altavoces que hay en los escenarios en frente de los artistas? Son los monitores y se usan para dar sonido a la gente de escenario ya que los altavoces exteriores sólo sirven para el público. El sonido de esos monitores es independiente al de los exteriores y durante aquel monólogo Carlos coge un micro y se dedica a decirme cosas de manera que el público no lo oye y yo sí, lo cual es muy agobiante porque no te queda otro remedio que tirar p'alante sin decir nada.

Toda va bien hasta que Fernando se pone a pie de escalera porque le toca salir: empieza a llover. Un tormentón rápido pero copioso que nos hace suspender el show. ¡Qué B! Y qué gritos que vamos lanzando Fernando y yo por los camerinos: «¡La A es B!» ante la mirada inquisidora de alguno de nuestros «compañeros». Afortunadamente deja de llover y volvemos al tajo, y digo afortunadamente porque así puedo salir al escenario enfundado con mi camiseta del Barça (y debajo la del

Hay que descargar tensión.

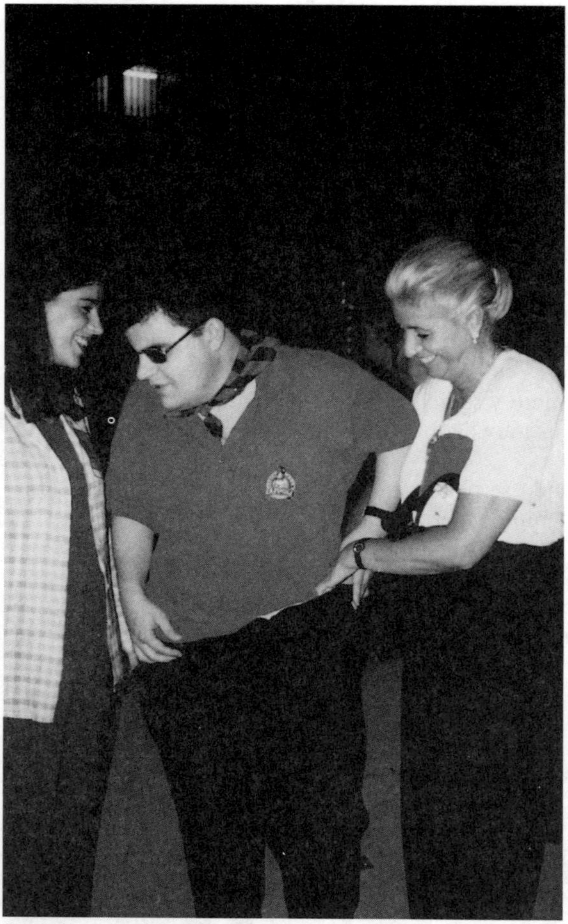

La única persona a la que obedece Fernando, su madre.

Figueres) y dedicarles unas palabras a la Jungla. Ellos, que tantas y tantas veces se han hartado a cantar las excelencias de mi tierra por toda España, se merecen un aplauso de nuestra parte por los kilómetros que se habían pegado para llegar hasta aquí, por habernos mimado tanto y por ser este el último Show De La Jungla en Catalunya en bastante tiempo: meses, años. El colofón a tan emotivo momento no puede ser otro que la confirmación pública –por primera vez– de ese noviazgo que simboliza el entendimiento sensorial y humano perfecto que ha existido entre La Jungla y Catalunya: anuncio en exclusiva la próxima boda de Don Carlos Moreno con una distinguida señorita de la burguesía catalana, el enlace se celebrará próximamente en la Ciudad Condal. ¡Qué bonito!

Lunes 9. Llega el maestro

El pasado viernes tuvimos una sorprendente llamada en «La Jungla». Era la hija de Fofito, el célebre «Payaso De La Tele». Fofito forma parte de una familia de payasos con la que hemos crecido una gran generación de españoles. Son los Gabi, Fofó, Miliki, Rody, Milikito (luego conocido como Emilio Aragón). Actualmente Fofito y su hija están de gira por España con su propio circo y han escuchado por la radio como El Pulpo ha grabado versiones de las canciones que «Los Payasos De La Tele» hicieron míticas.

Tras la llamada del pasado viernes, les invitamos a la radio. Y este lunes se produce un dúo histórico entre el maestro y su sucesor. Con su interpretación de «Susanita» Fofito y el Pulpo consiguen un recital de desafinadas y arritmias como jamás se volverá a oír en el mundo radiofónico. Histórico.

Martes 10 de junio

Entramos en la última gran semana del Show De La Jungla. Madrid y Zaragoza nos esperan. Pero la maquinaria que nos da nombre y hace posible todos nuestros éxitos y fracasos, es decir, la radio, no se para. Ese martes Abellán llega a la radio a las cinco y pico de la mañana como suele ser habitual y dedica ese rato a leer los periódicos a escuchar las múltiples cintas y discos que le han mandado. Esa mañana escuchará algo especial. La maqueta de un tal Xemai, un tipo de Barcelona y al que llama a las 6,30 de la mañana. A las ocho le tengo en la radio, Viste como un indio (americano, no hindú), y –lo que es peor– huele como un indio, y canta como un indio canciones que le hermanan a la naturaleza en la que dice vivir (en plenos Pirineos) Canta a la «hermana tierra» sus «Canciones Solidarias» con mensaje. Busca una «marca discográfica» –según sus propias palabras– que lance sus canciones. Nosotros le damos una oportunidad y además descubrimos que el tal Xemai no es otro que el que fuera componente del dúo Marce Y Chema, dos chavales catalanes que a finales de los 70 fueron lanzados como la versión «roquera» de los Pecos vestidos con eternos pantalón de peto de colores y que cantaban canciones como estas:

«Ganador, oh oh,
sé que yo seré el ganador, oh oh,
esta tarde ganaré yo, oh oh,
el primero llegaré».

Incluso Marce Y Chema tuvieron su oportunidad en el cine, fue en la película «Nunca en horas de clase» en la que aparecían cantando. ¡Qué gran film! Un reflejo acurado de la época «Travolta» con banda sonora de los

Momento cumbre en Zaragoza.

italianos New Trolls, a los que erróneamente se calificó como «la copia italiana de los Bee Gees» ¡Qué buen material para Guillermo Summers y su imprescindible «Mitomanía»! Pues ahí lo tenéis. Xemai sigue en el ajo mientras que su hermano Marce se conforma con regentar un bar de copas en Mataró (Barcelona).

Jueves 12 de junio. El Gran Día se convierte en El Gran Susto

Jueves, 4 de la madrugada. Un coche llega a Madrid. Soy yo, que vengo de Lleida dónde anoche di una conferencia a unos aspirantes a locutores.

Yo llego ahora, pero la actividad lleva días en marcha. En una sala de ensayos en Madrid la banda del Show De La Jungla lleva más de dos semanas tocando una y otra vez todas las canciones del show, con especial énfasis en las nuevas. Las entradas se han vendido con locura, estamos cerca de las 12.000, es decir, todas. Desde el lunes los operarios han entrado en el Palacio para montarlo todo y los técnicos trabajan a destajo para que el sonido sea perfecto. Por otro lado, el equipo de Telecinco también lleva días de reuniones con nosotros porque no se limitarán a grabar el Show, quieren montar toda una dramatización y gran reportaje a nuestro alrededor y para ello contamos con un largo equipo por su parte. El reto es grande. Nada puede salir mal, nada debe salir mal.

El gran día ya está aquí. Hacemos el programa y nos vamos para el pabellón. Jose y toda la banda tocan una y otra vez todo el repertorio para que los responsables

Zaragoza, tierra B.

Zaragoza. ¡¡Cómo estaba la plaza!!

del programa vean como es nuestro movimiento en el escenario, para que no se pierdan detalle. Los técnicos van ultimando todos los detalles y entre bastidores un equipo de Telecinco con Alfredo Díaz («Vuelta Y Vuelta») y Teté («El Súper») al frente nos graban originales entrevistas que complementarán la emisión del Show.

Me voy a dormir un poco, y después de comer me acerco al pabellón. Son las cinco de la tarde y ya hay cola en la calle. Entro, es inmenso. El escenario, enorme, las entradas agotadas. Todo está listo y el nerviosismo empieza a dominar nuestros movimientos. Pienso en Abellán, hoy probablemente es el día más grande de su vida, y por ello le hemos preparado una sorpresa que todos conocemos menos él.

La gente va arriba y abajo. Otros prefieren quedarse quietos y fumar un cigarrillo tras otro. Se hacen corrillos, hay bromas... Pero hay tensión.

Son las 6 y media de la tarde. Falta media hora para abrir puertas. Junto a la mesa de sonido Carlos, German, Abellán y yo estamos charlando no sé de qué. Y el reloj sigue girando.

Son las 6 y 37 minutos y oímos un fuerte ruido de hierros en movimiento. Nos giramos y nuestros ojos no creen lo que ven: todo el amasijo de hierros que forman la estructura superior del escenario y dónde se cuelgan todas las luces se está cayendo lentamente. La boca abierta. Afortunadamente los hierros caen lentamente y la banda de Alcides –que justo había terminado el ensayo– puede bajar. El estruendo es ensordecedor y vemos caer a un operario de luces. Durante unos minutos él centra nuestra atención aunque luego resulta tener sólo una serie de contusiones sin importancia. Parece que otro operario se ha herido de gravedad

Flauta baturra.

porque no le encontramos y tememos que esté debajo de los hierros, pero no, estaba en el baño.

El espectáculo es dantesco. Los instrumentos destrozados, las telas partidas, los hierros ocupando el escenario. ¿Y ahora qué? Nos quedamos en blanco. Reunión rápida. A las siete se abren puertas y a las nueve arranca el show. ¿Se puede desmontar el estropicio antes? Si ¿Se puede montar otro? No. La única solución es meter un equipo de luces de tierra cutre y cuyo resultado a nivel estético es una incógnita. Algunos quieren tirar p'alante: la gente ya está en la calle y hay cientos de personas que vienen de muy lejos para vernos. ¿Qué hacemos? ¿Se merece la gente pagar por ver un Show cutre? Yo creo que no. En ese momento se me acerca Alfredo Díaz –todavía blanco del susto– y me coge del brazo. Él conoce a Jose desde mucho antes que yo y me dice. «Jordi, este es el sueño de Jose, esto es la culminación de toda su vida de trabajo, es toda su ilusión. Jordi, influye para que se suspenda, Jose no puede vivir su sueño con medios cutres y el susto en el cuerpo. Hay que hacerlo bien, se lo merece». Dicho y hecho me convierto en el más ferviente defensor de la opción de suspensión y los demás me dan la razón: el Show queda suspendido.

La actividad se vuelve frenética. Negociación con el pabellón para cerrar una nueva fecha que finalmente será el viernes 20 de junio (por cierto, gracias por todo). Carlos y Whopper se van a la puerta para comunicar personalmente a las miles de personas que hacen cola que el show se suspende y que no es una broma. Abellán entra en directo en el programa de Escalada para comunicar la noticia. Yo me dedico

Conductor B.

a llamar a todos los autocares que vienen de fuera para que den media vuelta y luego voy a otra puerta. Miguel Ángel Rodríguez y su mánager intentan localizar al resto de Mojinos para que no cojan el avión pero ya es demasiado tarde. Van llegando amigos y más amigos, ellos –e incluso la gente de la calle– trata de darte ánimos, pero por dentro algo nos come.

Y llega el peor momento, Cuando ya todo el mundo está avisado, cuando fuera no queda nadie y dentro estamos nosotros, mirando como lelos el escenario y sentados en las gradas. Son las ocho, ahora esto debería estar lleno y hay un equipo humano de gente destrozada porque ha recibido el peor mazazo que se podía imaginar. Los que tienen más suerte lloran, los otros lo viven por dentro. Es cierto, pudo ser peor, si hubiera ocurrido durante el show estaríamos todos muertos, pero más que los focos ahora lo que sientes es que es el mundo entero lo que se te ha caído encima.

Y lentamente, todos van desfilando hacia sus casa

Son las 9 y cinco minutos de la noche. Ahora este pabellón debería estar lleno de amigos y yo en el escenario haciendo el monólogo. En su lugar veo un grandioso espacio vacío y un montón de hierros rotos. La visión es dantesca. Ya sé que podría haber sido peor, pero todo y así ¡¡Cómo duele!!

Voy afuera. Estamos todos en un bar tomando algo. En los coches del equipo la gente ha dejado notas preciosas:

«Madrid es B», «Qué B», «Ánimo», «El 20 será la hostia», «Nos vemos el viernes», etcétera. Suena mi móvil. Es Toni Sánchez un íntimo amigo mío que ahora trabaja en 40 en Madrid «Jordi ¿os ha pasado algo?» Por lo visto una emisora de radio de cuyo nombre no quiero acordarme ha contado el incidente añadiendo que «varios componentes del equipo están ahora mismo ingresados en la UCI en estado de extrema gravedad» ¿Cómo se puede ser tan perro? Tranquilizo a mis amigos y ordeno que todos llamen a sus familias, por si acaso. A lo largo de la noche varios medios de comunicación informan sobre el hecho aumentando el número de heridos, apuntando hipótesis descabelladas sobre las causas del accidente y otras barbaridades ¿Es esto competencia?

Viernes 13 . ¡Vaya fecha!

Los ánimos parecen recuperados e incluso durante el programa nos reímos de lo que ha pasado como solemos hacer habitualmente, una vez más demostrando que reírse de uno mismo es un ejercicio sumamente sano. Pero en cuanto se hace un segundo de silencio, las miradas e pierden y buscan el infinito porque la imagen de ayer se mantiene en el recuerdo, en el corazón. Es un sabor amargo que no se irá nunca, aunque tal vez el viernes 20 se nos pase un poco.

Llevamos horas recibiendo faxes. Nadie se queja, todo son ánimos, incluso los que se pegaron un panzón de kilómetros para nada. Y contamos lo que ocurrió, sin añadir y sin quitar. Una sobrecarga de luces en el puente hizo que los hierros cedieran. Esta es la explicación de nuestros técnicos y a nosotros nos vale como la buena. Hubo un herido que será dado de alta en las próximas horas con contusiones leves, nada grave.

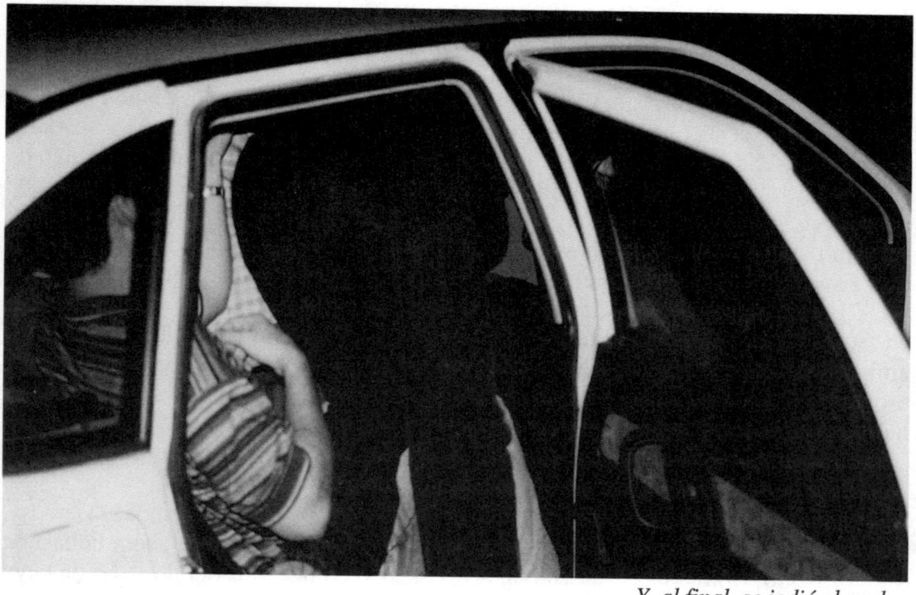

Y, al final, se jodió el coche.

Pero luego, abrimos el tema y dedicamos unos minutos –los justos– a esas televisiones, radios y periódicos que han contando «su» versión del accidente. ¿Sabéis lo que más nos duele? Que cuando un Show de 12000 personas es suspendido todos se aprestan a hablar de él incluso faltando a la verdad. En cambio cuando ese mismo show de 12000 personas se monta, se vende y se celebra ninguno de esos medios le dedica ni media línea ¿Por qué? Por qué es noticia que se caigan los hierros en un show y no lo es la celebración del show. Por qué no es noticia que se agoten las entradas en un Pabellón que no veía un lleno así desde los tiempos de Mecano. Por qué no se dedica ni una línea al único programa de radio que *por si solo* convoca tanta gente, que no necesita forzar a discográficas ni artistas a tocar gratis ya que sus componentes ya son suficiente reclamo para pagar una entrada. Por qué nadie se ha parado a pensar en este grupo humano que cada mañana convoca a millones de personas en la radio. Por que nadie ha visto que escapando de nuestro divismo fuimos los primeros que devolvimos el espectáculo a la radio con nuestros programas fuera. Por qué nadie ha visto como hemos sabido trasladar todo a un escenario en un show único que ha llenado en todas las ciudades. Por qué nadie ha visto como hemos contravenido toda la lógica tocando en dos meses en todas las capitales de una misma provincia, o dos veces en menos de un año en ciudades como Sevilla, Barcelona, Córdoba, Alicante, Granada, Bilbao, Madrid y otras, cosas que ni el más grande de los artistas se puede permitir. Por qué nadie se ha preocupado de nosotros hasta que nos han caído cuatro hierros.

Por qué y para qué cojones nos levantamos cada día a las cinco de la mañana. Para qué hemos hecho más kilómetros que el baúl de la Piquer. Para qué

Montana y Jose, en el show de Figueres.

El Show De Madrid.

hemos sacrificado nuestra familia para estar cada fin de semana en un punto distinto del país.

Sabéis por qué: por vosotros y por nosotros. Porque nosotros hemos sido felices así y vosotros también, o eso nos parece. Y la prensa, que siga hablando de sus políticos, intelectuales y figuritas del corazón. Que siga reflejando su realidad interesada y parcial. Porque nosotros –la gente corriente– seguiremos viviendo nuestras 24 horas al día con nuestra realidad, que nunca será la suya.

Y como no conocen la realidad de la gente corriente, patinan cuando bajan a la calle y tienen que escribir sobre el Show de La Jungla, como hizo «El País». «Espectáculo de rock». No, en ningún caso. Espectáculo de música y palabra a lo sumo. «Repartidas todas las invitaciones», no señor, nosotros vendemos entradas porque aquí cobran todos, nadie se baja los pantalones, nadie sangra a nadie, se ofrece un montaje de luz y sonido de primera línea. Caro, pero bueno. Esto es de verdad, no un desfile de artistas que cantan en playback, levantan la mano y se van cuando se les ha anunciado como «actuación». Esto es un espectáculo, no una charanga.

Sábado 14. Bendita Zaragoza

El humor se va recuperando. «A ver que cae hoy», «hoy canto mirando p'arriba por si acaso» dice alguno cuando llegamos a Zaragoza. Este tenía que ser el último show pero será el penúltimo. Estamos dolidos en nuestro orgullo profesional, si, pero la sola idea de que hoy vamos a llenar la inmensa plaza de toros de Zaragoza ya nos da fuerza para pensar que: «ladran, luego cabalgamos»

Vamos a comer a un mejicano con nuestros anfitriones. Toni y Manolo de la 100 en Zaragoza. A destacar que el bueno de Toni se casó ayer mismo y hoy está con nosotros. ¡Eso es currar! La reciente boda de Toni le da a Abellán la ocasión para hacer una nueva demostración de machismo de aquellas que ponen a Patricia al borde de un ataque de nervios ¿Cuando se dará cuenta de que lo hace para «picarla»? Mientras tanto entre todos me preparan una nueva jugada B, ellos están en el café y a mi todavía no me han servido el segundo plato. Suerte que el conductor del autobús se alía conmigo y dice que hasta que yo no acabe él no se levanta de la mesa.

Por la tarde nos vamos a la Plaza de Toros, con la sana intención de hacer la prueba de sonido y ver el Real Madrid–Atlético De Madrid que puede marcar el final de la liga. Abellán está a punto de volver a montar una nueva porra suicida con el resto de merengues, pero el recuerdo de la pasta que perdió en Valladolid en el partido del Calderón le aleja la mano del bolsillo.

Minuto 10 de la primera parte y Raúl marca en el Bernabeu. Al Madrid le basta con el empate, esto está hecho. Me levanto y empiezo a dar órdenes: «quitar tornillos, desenroscar bombillas, hacedlo como queráis pero ese puente de luces tiene que caer ¡Hay que suspender el show! ¡El Madrid es campeón y Jose no podrá soportarlo!».

Llega la hora. Seguimos jodidos por dentro, pero creo que entonces se nos empieza a curar. No os imagináis lo que llena tu interior ver una plaza de toros de

Abellán, en su gran día.

Patricia, con su guitarra.

las grandes llena hasta reventar de gente entregada, de gente que te quiere, que se enrolla. Toda una plaza llena de Jungleros, con mayúscula. Esto es mucho. Y mucho será el show. De los mejores. Subidones, caña, repetición de temas más allá de lo habitual. Demasiado. Zaragoza es especial.

Y luego zorrerita. Los que se quedaron en la puerta de salida de los componentes del Show no se lo podían creer: El Pulpo, Whopper, Fernando y yo haciendo el corro de la patata. Diez personas subidas en un coche (unas dentro y otras fuera) que se dejó el tubo de escape en el suelo. Y luego, a perderse por la noche de Zaragoza. ¡Bendita ciudad!

Viernes 20.
El gran final.

Toda la semana vuelve a ser frenética. Todo se vuelve a montar, todo se vuelve a ensayar. Hay más retoques, más ensayos, más reuniones con la televisión.

El jueves, un problema técnico nos aborda: nuestra mesa de sonido habitual se ha quedado pequeña. El despliegue de medios en el Palacio De La Comunidad es tan bestia que hay que pedir otra. Al final resulta que la suspensión ha servido para que mejoremos todos los detalles. Traen la mesa nueva, la instalan y llega Muñones. Empieza a abrir canales, y eso no suena. Muñones se vuelve loco con la única cosa del mundo que puede hacerle perder su buen humor: que algo no suene bien. Pero es que ni suena. Toca un botón, y otro, y otro, y no hay caso. Llama al proveedor de la mesa, no hay solución. No encontramos el error. Y entonces se acerca uno de los montadores, mira por encima de la mesa y como el que no quiere la cosa dice: «¿has

¡¡¡Olé!!!!

tocado ese botón?». Y German dice. «Pues claro». Lo aprieta y: una descarga de sonido hace temblar los cimientos del palacio. A German se le pone cara de tonto y a todos nos da un ataque de risa. «Claro, os ponéis todos aquí a decirme cosas y me líais» dice el bueno de Muñones.

El viernes por la mañana y tras hacer el programa nos vamos al Pabellón ¡Por fin!. Volvemos a grabar entrevistas para la televisión y todos tenemos un ojo puesto en Abellán. Como os comenté antes le teníamos una sorpresa preparada, pero había que pulirla. Finalmente se va a comer a su casa y nosotros nos quedamos en el pabellón. Es el momento para ensayar todos juntos «Bulbs». Se trata de un viejo tema de Van Morrison que sabemos que a Jose le vuelve loco gracias a nuestro «gruppi» José Luís Roz. Yo mientras ensayo también el discursito que haré antes del tema. Espero que salga todo bien y que Jose no sospeche nada. Una cosa me mosquea. Desde hace años no había puesto esta canción y en la última semana la ha puesto cada día. Afortunadamente será una casualidad.

Después de comer me encuentro en el bar de al lado del Pabellón con Pedro Gómez (el road mánager de Montana y su banda) y José Luís Roz, dos de esos personajes que no veis en los shows pero que forman parte de la familia de La Jungla tanto o más que los que subimos al escenario. Tomamos algo y oímos una sirena de una ambulancia que se acerca hacia el bar ¿Habrá pasado algo otra vez? Vamos al pabellón y están probando el humo que habitualmente adorna ciertas partes del Show. «Se ha quemado el escenario, se ha quemado el escenario» grito. Me dieron bofetadas para aburrir ¡Qué poco sentido del humor!

El día más feliz.

Son las seis y media de la tarde y juro que en mi vida había estado tan nervioso. Y lo que es peor, jamás había visto tan nerviosos a mis compañeros. Cada uno lo manifiesta a su manera: Fernando hablando por los codos («te quieres callar»), Patricia peinándose una y otra vez («se te va a caer el pelo»), Whopper riendo como un histérico («que se te mueven los pólipos»), El Pulpo yendo de un lado al otro del pabellón con la pobre Olga siguiéndole («quieres cansarla o qué»), Abellán en silencio sepulcral y yo leyendo una y otra vez el monólogo del principio y el de la sorpresa a Jose aunque me los sé ambos dos de memoria, se trata de hacer algo. A Muñones no le veo pero doy por hecho que estará tocando todos los botones de la mesa (mientras no le de al del otro día).

Es una espera larga, tensa. Por un lado estás deseando que acabe pero por otro desearías que nunca llegara el final ¿Y si me olvido de algo? ¿Y si me quedo en blanco? ¿Y si se me escapa un gallo? ¿Me acordaré de todo? Y de fondo, el ruido ensordecedor de un público que canta, grita y corea uno tras otro el nombre de todos nosotros. Para que lo entendáis: te recorre el cuerpo la misma sensación que tienes cuando te ataca una diarrea pero sin diarrea. Así de bestia.

Nos damos órdenes absurdas porque ya son sabidas, nos recordamos detalles inútiles porque lo tenemos todo más que asimilado.

Son las nueve y 25 de la noche y Alcides sale al escenario.

Suena el primer de los tres temas que va a hacer y nos vamos todos al pasillo de acceso. No salimos, pero el sonido nos envuelve. Algunos callan, otros hablan por los codos intentando simular frialdad. Los cigarrillos se consumen con rapidez y yo

Toda la culpa es de éste.

me coloco el primero. ¡Dios! ¡Cómo me gustaría hacer el monólogo al final y no al principio! ¡Qué miedo! ¡Qué responsabilidad!

Las nueve y 42, como siempre María Jesús Prieto viene a buscarme con la linterna. No hace falta, el foco de la cámara que me sigue me ilumina los pasos. En esos momentos no piensas. Llego hasta el telón que cierra el escenario. Respiro hondo. Llegó la hora. Me dan el micro, la fregona y una palmada ¡Suerte!

Y esas décimas de segundo que transcurren entre que se abre el telón y empiezas a hablar, esos breves momentos en que ves todo un pabellón con doce mil pares de ojos que te miran, doce mil pares de orejas que te escuchan, eso es el placer que no podría describir ni en quince libros como este.

Y el Show empieza, y todo sale bien. Hay algunos detalles, como ver al Pulpo nervioso por primera vez en toda la gira, a Miguel Ángel Rodríguez haciendo un gran solo de armónica que no sonó por culpa de un micrófono, Patricia tocando la guitarra con la melena al viento (estaba guapísima). El cámara de telecinco que estaba en el escenario suplicándole a Carlos que acabara la frase del «Toro» porque ya le dolía el hombro («di lo de las patas» decía). Todos son grandes momentos que hoy vivimos por última vez tras unos años de locura.

Pero hoy hay algo especial, algo más. Jose me presenta, me saca al escenario y espera que haga la tontería de la moneda. Pero no. Le ordeno que se siente y se queda con la boca abierta «¿Qué pasa?» Y entonces empiezo un discurso de homenaje a este loco que lo tenía todo, lo perdió y lo volvió a tener gracias a un sueño: La Jungla. Nadie sabe lo que le ha costado a Jose llegar hasta aquí, nadie. Y por eso le

¡¡¡Gracias, tío!!!

dedicamos unas palabras en nombre de todos los que estamos metidos en este carro. Me cuesta cantidad tirar para adelante. Porque el público me corta con aplausos, pero sobre todo cuando a medio discurso veo a Jose y creo ver que está a punto de llorar. Esto es demasiado. No vuelvo a mirarle a la cara en todo el rato. Como rompa a llorar yo me vengo abajo y esto acaba en culebrón. Todos se emocionan, se ve en sus caras, y no os negaré que disfruté siendo por un momento portavoz de tantos agradecimientos. Y lo mejor: acabo de hablar, nos damos un abrazo y Jose se levanta para continuar y le digo: «Pero ¿Quién te ha dicho que te levantes?» Ahí si, ahí se derrumba. Cuando ve que le hemos montado una canción y el no se ha enterado de nada alucina, se siente y no sé si llora porque –repito– no me atrevo a mirarle.

Yo no sé los demás, pero para mí este es el último momento tenso de la noche. A partir de aquí: a disfrutar. A disfrutar del sonido perfecto de Muñones, del juego de luces, de las caras de alegría de todos los que estábamos detrás y encima del escenario. Disfrutar de la cámara de Telecinco a la que nos dirigimos haciendo el loco (acabará bailando el «Shout» con nosotros), del Dome (Agustín García) vestido con camisa de lunares y bailando como Joaquín Cortés («si te viera tu familia»). Del equipo autónomo de Telecinco con Alfredo al frente que sigue moviéndose entre el público. De todo. Pero sobre todo del publico de Madrid y de toda la gente de España que ha venido: Murcia, Santander, Almería, Valencia, Jaén, Barcelona. Nos desparramamos con «Long train running» (lo tocamos dos veces) y muertos, extenuados pero con el subidón más grande de nuestras vidas saludamos y bajamos del escenario.

No hay tiempo para pensar. Nos felicitamos entre nosotros y van llegando los amigos, los famosos, la cena, las charlas, los abrazos, los besos. La felicidad. Respiras hondo y piensas: «ya está».

Y en medio de todo el barullo, me escapo de nuevo al escenario. Los equipos de limpieza han tomado el palacio, y los técnicos desmontan velozmente. Me quedo solo, ahí arriba, dónde segundos antes estábamos haciendo tanto ruido. Y miro sólo, ahí abajo, dónde segundos antes 12.000 gargantas gritaban como locas. Y abajo y arriba, ya no queda nada, ya no queda nadie. Se acabó. Y en un segundo me pasan por la cabeza tantas y tantas cosas que nos han pasado, tantos y tantos viajes, risas, comidas, copas, zorreritas, sudores, alegrías, oyentes, tristezas. Y ya no queda nada, parece como si todo hubiera sido un sueño porque ha sido demasiado bonito. Pienso en el Bola, un oyente de Madrid al que conocí el día de la suspensión y que hoy no estuvo aquí porque su padre falleció anoche. Y nosotros. ¿Quién de nosotros o de nuestra gente ya no estará cuando volvamos a subirnos? ¿Cómo habrán cambiando nuestras vidas? ¿Cuando volveremos? ¿Ocurrió realmente? ¿Dónde estaremos todos? ¿Seremos felices? **¿Quién coño es Alice?**

DEDICATORIAS

Toda la vida he intentado hacer algo para agradecerle muchas cosas a mucha gente a la que creo que no supe darle las gracias. Lo he intentado en este libro pero no me caben ¡Son tantos! Ahí van algunos.

A José Antonio Abellán. Por convertir mis sueños en realidad. ¡Que yo no voy!

A Fernando Echeverría, por ser tan B. ¡Hola!

A Carlos Moreno, por copiar tan bien a su padre ¡Kafort!

A Miguel Ángel Rodríguez, por las jervecitas ¡Que jase!

A Patricia, por haber sabido escuchar ¡Monga!

A Muñones por ser tan buen amigo ¡Andrés!

A Whopper por soportar mis bromas pesadas ¡El rap enganchado con el estribillo!

A Ángel Sánchez, por haber entrado tan bien ¡Pelagra!

A Amador por lo que no pudimos vivir juntos ¡eeeeh!

A toda La Jungla por devolverme la ilusión y ser mi segunda familia. ¡Acondi!

A todos los que formaron parte del Show De La Jungla por hacerme olvidar lo lejos que estaba de casa: Marije (vaya culo), Pedro (Arnold), Montana (bird), Miguel Ángel, Michel, Miguel, Sito (Flojo), Maite, Maria José, Paco (Paco, Paco), Roz (el gruppie), Arriaga (qué bien me lo paso), Manolo y toda la gente de ATC (lo que no se caiga ahora), y los que me dejo y luego me arrepentiré.

A Rosana y Susana por regalarnos «La Jungla A Fuego Lento» ¡Gracias gordi!

A Pedro Díez y Manolo De La Rica, por liarme.

A Rafael Revert por dejarme ser yo mismo.

A todos los coordinadores de Cadena 100 y directores de Cope que nos mimaron tanto en su ciudad.

A Jordi Jordà, Lluís Arté, Narcís Planas, Núria Anguera y Guindo por cubrirme las espaldas en tantos días de viaje.

A los Mojinos por quererme tan bien y demostrarme que en este negocio todavía queda gente honrada. ¡Qué paha!

A Pau Donés por haberme devuelto la ilusión en mi trabajo y haber sabido decir en cuatro palabras lo que yo no pude en muchos años. ¡Sin Palabras Hablan!

A Dani Nel.lo por dejarse descubrir. ¡Filipo!

A Presuntos Implicados por sus canciones. ¡Verdu!

A Miki Puig por las risas y los rimtos ¿Ves como no pasa nada por ponerlo?
A Marc Parrot por ser un genio ¡Boig!
A Els Pets por demostrarme que al final tenía razón ¡Xec!
A Josep Sala, esté dónde esté, porque él me metió en todo esto.
A Joan Perich, Luís Baena, Jordi Finazzi, Jordi Perich y Josep Maria Figueres (y respectivas) porque ellos son Radio Platja D'Aro y esa siempre será mi casa.
A Jaume Baró por seguir siendo mi amigo. ¡Nen!
A todos mis ex-compañeros de la SER que tanto me aguantaron y tan tranquilos se quedaron cuando me fuí: Josep Maria Martí, Javier Pons, Toni Sánchez, Juan Guilarte, Manel Ortiz, Jordi Pou, Josep Girona, Eva Cebrián, Carmen Sánchez, Sandro D'Angelli, Luís Merino, Maria José Casado, Rosa Navalón, Nuria, Amadeo, Cristina, Guillem, Tony Aguilucho, Mario, Ana, Rosa, Juanma, Yolanda, Ana Pérez y todos (que no cabéis, coño!!).
A Joaquín Luqui y Fernandisco por haber sabido entender que sólo nos reímos de la gente que más queremos (así me va de «feo»).
A Andreu Buenafuente, Toni Clapés, Oriol Grau, Fermí Fernández, Santi Nolla, Toni Solé, Josep Bras, Hermínia Ibáñez y Ramon Joncosa por haberme dejado formar parte de un grupo privilegiado del que aprendí a tomarme la vida de otra forma. Y POR DEJARSE COPIAR LA IDEA. Ho veus tonto?
A Carlos Pico y Sergi Guilera, allí dónde estén que sean felices.
A Manolo Acedo por aguantarme un año de madrugones.
A Gomaespuma por la puñalada (buen rollito).
A Javier Salillas por el empujón definitivo.
A Plu, por tener siempre el dedo listo.
A la madre que me parió y a mi padre por el resto.
Y a ti ¿O qué te habías creído?